INDONESIO
VOCABULARIO

PALABRAS MÁS USADAS

ESPAÑOL-INDONESIO

Las palabras más útiles
Para expandir su vocabulario y refinar
sus habilidades lingüísticas

5000 palabras

Vocabulario Español-Indonesio - 5000 palabras más usadas
por Andrey Taranov

Los vocabularios de T&P Books buscan ayudar en el aprendizaje, la memorización y la revisión de palabras de idiomas extranjeros. El diccionario se divide por temas, cubriendo toda la esfera de las actividades cotidianas, de negocios, ciencias, cultura, etc.

El proceso de aprendizaje de palabras utilizando los diccionarios temáticos de T&P Books le proporcionará a usted las siguientes ventajas:

- La información del idioma secundario está organizada claramente y predetermina el éxito para las etapas subsiguientes en la memorización de palabras.
- Las palabras derivadas de la misma raíz se agrupan, lo cual permite la memorización de grupos de palabras en vez de palabras aisladas.
- Las unidades pequeñas de palabras facilitan el proceso de reconocimiento de enlaces de asociación que se necesitan para la cohesión del vocabulario.
- De este modo, se puede estimar el número de palabras aprendidas y así también el nivel de conocimiento del idioma.

Copyright © 2024 T&P Books Publishing

Todos los derechos reservados. Ninguna porción de este libro puede reproducirse o utilizarse de ninguna manera o por ningún medio; sea electrónico o mecánico, lo cual incluye la fotocopia, grabación o información almacenada y sistemas de recuperación, sin el permiso escrito de la editorial.

T&P Books Publishing
www.tpbooks.com

ISBN: 978-1-78616-497-1

Este libro está disponible en formato electrónico o de E-Book también.
Visite www.tpbooks.com o las librerías electrónicas más destacadas en la Red.

VOCABULARIO INDONESIO
palabras más usadas

Los vocabularios de T&P Books buscan ayudar al aprendiz a aprender, memorizar y repasar palabras de idiomas extranjeros. Los vocabularios contienen más de 5000 palabras comúnmente usadas y organizadas de manera temática.

- El vocabulario contiene las palabras corrientes más usadas.
- Se recomienda como ayuda adicional a cualquier curso de idiomas.
- Capta las necesidades de aprendices de nivel principiante y avanzado.
- Es conveniente para uso cotidiano, prácticas de revisión y actividades de autoevaluación.
- Facilita la evaluación del vocabulario.

Aspectos claves del vocabulario

- Las palabras se organizan según el significado, no según el orden alfabético.
- Las palabras se presentan en tres columnas para facilitar los procesos de repaso y auto-evaluación.
- Los grupos de palabras se dividen en pequeñas secciones para facilitar el proceso de aprendizaje.
- El vocabulario ofrece una transcripción sencilla y conveniente de cada palabra extranjera.

El vocabulario contiene 155 temas que incluyen lo siguiente:

Conceptos básicos, números, colores, meses, estaciones, unidades de medidas, ropa y accesorios, comida y nutrición, restaurantes, familia nuclear, familia extendida, características de personalidad, sentimientos, emociones, enfermedades, la ciudad y el pueblo, exploración del paisaje, compras, finanzas, la casa, el hogar, la oficina, el trabajo en oficina, importación y exportación, promociones, búsqueda de trabajo, deportes, educación, computación, la red, herramientas, la naturaleza, los países, las nacionalidades y más ...

TABLA DE CONTENIDO

GUÍA DE PRONUNCIACIÓN	9
ABREVIATURAS	10

CONCEPTOS BÁSICOS 11
Conceptos básicos. Unidad 1 11

1. Los pronombres 11
2. Saludos. Salutaciones. Despedidas 11
3. Como dirigirse a otras personas 12
4. Números cardinales. Unidad 1 12
5. Números cardinales. Unidad 2 13
6. Números ordinales 14
7. Números. Fracciones 14
8. Números. Operaciones básicas 14
9. Números. Miscelánea 14
10. Los verbos más importantes. Unidad 1 15
11. Los verbos más importantes. Unidad 2 16
12. Los verbos más importantes. Unidad 3 17
13. Los verbos más importantes. Unidad 4 18
14. Los colores 19
15. Las preguntas 19
16. Las preposiciones 20
17. Las palabras útiles. Los adverbios. Unidad 1 20
18. Las palabras útiles. Los adverbios. Unidad 2 22

Conceptos básicos. Unidad 2 24

19. Los días de la semana 24
20. Las horas. El día y la noche 24
21. Los meses. Las estaciones 25
22. Las unidades de medida 27
23. Contenedores 28

EL SER HUMANO 29
El ser humano. El cuerpo 29

24. La cabeza 29
25. El cuerpo 30

La ropa y los accesorios 31

26. La ropa exterior. Los abrigos 31
27. Ropa de hombre y mujer 31

28. La ropa. La ropa interior	32
29. Gorras	32
30. El calzado	32
31. Accesorios personales	33
32. La ropa. Miscelánea	33
33. Productos personales. Cosméticos	34
34. Los relojes	35

La comida y la nutrición	36
35. La comida	36
36. Las bebidas	37
37. Las verduras	38
38. Las frutas. Las nueces	39
39. El pan. Los dulces	40
40. Los platos	40
41. Las especias	41
42. Las comidas	42
43. Los cubiertos	43
44. El restaurante	43

La familia nuclear, los parientes y los amigos	44
45. La información personal. Los formularios	44
46. Los familiares. Los parientes	44

La medicina	46
47. Las enfermedades	46
48. Los síntomas. Los tratamientos. Unidad 1	47
49. Los síntomas. Los tratamientos. Unidad 2	48
50. Los síntomas. Los tratamientos. Unidad 3	49
51. Los médicos	50
52. La medicina. Las drogas. Los accesorios	50

EL AMBIENTE HUMANO	52
La ciudad	52
53. La ciudad. La vida en la ciudad	52
54. Las instituciones urbanas	53
55. Los avisos	54
56. El transporte urbano	55
57. El turismo. La excursión	56
58. Las compras	57
59. El dinero	58
60. La oficina de correos	59

La vivienda. La casa. El hogar	60
61. La casa. La electricidad	60

62. La villa. La mansión	60
63. El apartamento	60
64. Los muebles. El interior	61
65. Los accesorios de cama	62
66. La cocina	62
67. El baño	63
68. Los aparatos domésticos	64

LAS ACTIVIDADES DE LA GENTE 65
El trabajo. Los negocios. Unidad 1 65

69. La oficina. El trabajo de oficina	65
70. Los procesos de negocio. Unidad 1	66
71. Los procesos de negocio. Unidad 2	67
72. La producción. Los trabajos	68
73. El contrato. El acuerdo	69
74. Importación y exportación	70
75. Las finanzas	70
76. La mercadotecnia	71
77. La publicidad	72
78. La banca	72
79. El teléfono. Las conversaciones telefónicas	73
80. El teléfono celular	74
81. Los artículos de escritorio. La papelería	74
82. Tipos de negocios	75

El trabajo. Los negocios. Unidad 2 77

83. La exhibición. La feria comercial	77
84. La ciencia. La investigación. Los científicos	78

Las profesiones y los oficios 80

85. La búsqueda de trabajo. El despido	80
86. Los negociantes	80
87. Los trabajos de servicio	81
88. La profesión militar y los rangos	82
89. Los oficiales. Los sacerdotes	83
90. Las profesiones agrícolas	83
91. Las profesiones artísticas	84
92. Profesiones diversas	84
93. Los trabajos. El estatus social	86

La educación 87

94. La escuela	87
95. Los institutos. La Universidad	88
96. Las ciencias. Las disciplinas	89
97. Los sistemas de escritura. La ortografía	89
98. Los idiomas extranjeros	90

El descanso. El entretenimiento. El viaje 92

99. Las vacaciones. El viaje 92
100. El hotel 92

EL EQUIPO TÉCNICO. EL TRANSPORTE 94
El equipo técnico 94

101. El computador 94
102. El internet. El correo electrónico 95
103. La electricidad 96
104. Las herramientas 96

El transporte 99

105. El avión 99
106. El tren 100
107. El barco 101
108. El aeropuerto 102

Acontecimentos de la vida 104

109. Los días festivos. Los eventos 104
110. Los funerales. El entierro 105
111. La guerra. Los soldados 105
112. La guerra. El ámbito militar. Unidad 1 106
113. La guerra. El ámbito militar. Unidad 2 108
114. Las armas 109
115. Los pueblos antiguos 111
116. La Edad Media 111
117. El líder. El jefe. Las autoridades 113
118. Violar la ley. Los criminales. Unidad 1 114
119. Violar la ley. Los criminales. Unidad 2 115
120. La policía. La ley. Unidad 1 116
121. La policía. La ley. Unidad 2 117

LA NATURALEZA 119
La tierra. Unidad 1 119

122. El espacio 119
123. La tierra 120
124. Los puntos cardinales 121
125. El mar. El océano 121
126. Los nombres de los mares y los océanos 122
127. Las montañas 123
128. Los nombres de las montañas 124
129. Los ríos 124
130. Los nombres de los ríos 125
131. El bosque 125
132. Los recursos naturales 126

La tierra. Unidad 2	128
133. El tiempo	128
134. Los eventos climáticos severos. Los desastres naturales	129
La fauna	130
135. Los mamíferos. Los predadores	130
136. Los animales salvajes	130
137. Los animales domésticos	131
138. Los pájaros	132
139. Los peces. Los animales marinos	134
140. Los anfibios. Los reptiles	134
141. Los insectos	135
La flora	136
142. Los árboles	136
143. Los arbustos	136
144. Las frutas. Las bayas	137
145. Las flores. Las plantas	138
146. Los cereales, los granos	139
LOS PAÍSES. LAS NACIONALIDADES	140
147. Europa occidental	140
148. Europa central y oriental	140
149. Los países de la antes Unión Soviética	141
150. Asia	141
151. América del Norte	142
152. Centroamérica y Sudamérica	142
153. África	143
154. Australia. Oceanía	143
155. Las ciudades	143

GUÍA DE PRONUNCIACIÓN

La letra	Ejemplo indonesio	T&P alfabeto fonético	Ejemplo español
Aa	zaman	[a]	radio
Bb	besar	[b]	en barco
Cc	kecil, cepat	[tʃ]	mapache
Dd	dugaan	[d]	desierto
Ee	segera, mencium	[e], [ə]	viernes
Ff	berfungsi	[f]	golf
Gg	juga, lagi	[g]	jugada
Hh	hanya, bahwa	[h]	registro
Ii	izin, sebagai ganti	[i], [j]	ilegal, asiento
Jj	setuju, ijin	[dʒ]	tadzhik
Kk	kemudian, tidak	[k], [']	charco, oclusiva glotal sorda
Ll	dilarang	[l]	lira
Mm	melihat	[m]	nombre
Nn	berenang	[n], [ŋ]	número, manga
Oo	toko roti	[o:]	domicilio
Pp	peribahasa	[p]	precio
Qq	Aquarius	[k]	charco
Rr	ratu, riang	[r]	rumbo
Ss	sendok, syarat	[s], [ʃ]	salva, shopping
Tt	tamu, adat	[t]	torre
Uu	ambulans	[u]	mundo
Vv	renovasi	[v]	travieso
Ww	pariwisata	[w]	acuerdo
Xx	boxer	[ks]	taxi
Yy	banyak, syarat	[j]	asiento
Zz	zamrud	[z]	desde

Las combinaciones de letras

aa	maaf	[a'a]	a+oclusiva glotal sorda
kh	khawatir	[h]	registro
th	Gereja Lutheran	[t]	torre
-k	tidak	[']	oclusiva glotal sorda

ABREVIATURAS
usadas en el vocabulario

Abreviatura en español

adj	-	adjetivo
adv	-	adverbio
anim.	-	animado
conj	-	conjunción
etc.	-	etcétera
f	-	sustantivo femenino
f pl	-	femenino plural
fam.	-	uso familiar
fem.	-	femenino
form.	-	uso formal
inanim.	-	inanimado
innum.	-	innumerable
m	-	sustantivo masculino
m pl	-	masculino plural
m, f	-	masculino, femenino
masc.	-	masculino
mat	-	matemáticas
mil.	-	militar
num.	-	numerable
p.ej.	-	por ejemplo
pl	-	plural
pron	-	pronombre
sg	-	singular
v aux	-	verbo auxiliar
vi	-	verbo intransitivo
vi, vt	-	verbo intransitivo, verbo transitivo
vr	-	verbo reflexivo
vt	-	verbo transitivo

CONCEPTOS BÁSICOS

Conceptos básicos. Unidad 1

1. Los pronombres

yo	saya, aku	[saja], [aku]
tú	engkau, kamu	[eŋkau], [kamu]
él, ella, ello	beliau, dia, ia	[beliau], [dia], [ia]
nosotros, -as	kami, kita	[kami], [kita]
vosotros, -as	kalian	[kalian]
Usted	Anda	[anda]
Ustedes	Anda sekalian	[anda sekalian]
ellos, ellas	mereka	[mereka]

2. Saludos. Salutaciones. Despedidas

¡Hola! (fam.)	Halo!	[halo!]
¡Hola! (form.)	Halo!	[halo!]
¡Buenos días!	Selamat pagi!	[slamat pagi!]
¡Buenas tardes!	Selamat siang!	[slamat siaŋ!]
¡Buenas noches!	Selamat sore!	[slamat sore!]
decir hola	menyapa	[mənjapa]
¡Hola! (a un amigo)	Hai!	[hey!]
saludo (m)	sambutan, salam	[sambutan], [salam]
saludar (vt)	menyambut	[mənjambut]
¿Cómo estás?	Apa kabar?	[apa kabar?]
¿Qué hay de nuevo?	Apa yang baru?	[apa yaŋ baru?]
¡Hasta la vista! (form.)	Selamat tinggal! Selamat jalan!	[slamat tiŋgal!], [slamat dʒʲalan!]
¡Hasta la vista! (fam.)	Dadah!	[dadah!]
¡Hasta pronto!	Sampai bertemu lagi!	[sampaj bərtemu lagi!]
¡Adiós! (fam.)	Sampai jumpa!	[sampaj dʒʲumpa!]
¡Adiós! (form.)	Selamat tinggal!	[slamat tiŋgal!]
despedirse (vr)	berpamitan	[bərpamitan]
¡Hasta luego!	Sampai nanti!	[sampaj nanti!]
¡Gracias!	Terima kasih!	[tərima kasih!]
¡Muchas gracias!	Terima kasih banyak!	[tərima kasih banja'!]
De nada	Kembali! Sama-sama!	[kembali!], [sama-sama!]
No hay de qué	Kembali!	[kembali!]
De nada	Kembali!	[kembali!]
¡Disculpa! ¡Disculpe!	Maaf, ...	[ma'af, ...]
disculpar (vt)	memaafkan	[mema'afkan]

disculparse (vr)	meminta maaf	[meminta ma'af]
Mis disculpas	Maafkan saya	[ma'afkan saja]
¡Perdóneme!	Maaf!	[ma'af!]
perdonar (vt)	memaafkan	[mema'afkan]
¡No pasa nada!	Tidak apa-apa!	[tida' apa-apa!]
por favor	tolong	[toloŋ]
¡No se le olvide!	Jangan lupa!	[dʒʲaŋan lupa!]
¡Ciertamente!	Tentu!	[tentu!]
¡Claro que no!	Tentu tidak!	[tentu tida'!]
¡De acuerdo!	Baiklah! Baik!	[bajklah!], [baj'!]
¡Basta!	Cukuplah!	[tʃukuplah!]

3. Como dirigirse a otras personas

¡Perdóneme!	Maaf, ...	[ma'af, ...]
señor	tuan	[tuan]
señora	nyonya	[nenja]
señorita	nona	[nona]
joven	nak	[na']
niño	nak, bocah	[nak], [botʃah]
niña	nak	[na']

4. Números cardinales. Unidad 1

cero	nol	[nol]
uno	satu	[satu]
dos	dua	[dua]
tres	tiga	[tiga]
cuatro	empat	[empat]
cinco	lima	[lima]
seis	enam	[enam]
siete	tujuh	[tudʒʲuh]
ocho	delapan	[delapan]
nueve	sembilan	[sembilan]
diez	sepuluh	[sepuluh]
once	sebelas	[sebelas]
doce	dua belas	[dua belas]
trece	tiga belas	[tiga belas]
catorce	empat belas	[empat belas]
quince	lima belas	[lima belas]
dieciséis	enam belas	[enam belas]
diecisiete	tujuh belas	[tudʒʲuh belas]
dieciocho	delapan belas	[delapan belas]
diecinueve	sembilan belas	[sembilan belas]
veinte	dua puluh	[dua puluh]
veintiuno	dua puluh satu	[dua puluh satu]
veintidós	dua puluh dua	[dua puluh dua]

veintitrés	dua puluh tiga	[dua puluh tiga]
treinta	tiga puluh	[tiga puluh]
treinta y uno	tiga puluh satu	[tiga puluh satu]
treinta y dos	tiga puluh dua	[tiga puluh dua]
treinta y tres	tiga puluh tiga	[tiga puluh tiga]
cuarenta	empat puluh	[empat puluh]
cuarenta y uno	empat puluh satu	[empat puluh satu]
cuarenta y dos	empat puluh dua	[empat puluh dua]
cuarenta y tres	empat puluh tiga	[empat puluh tiga]
cincuenta	lima puluh	[lima puluh]
cincuenta y uno	lima puluh satu	[lima puluh satu]
cincuenta y dos	lima puluh dua	[lima puluh dua]
cincuenta y tres	lima puluh tiga	[lima puluh tiga]
sesenta	enam puluh	[enam puluh]
sesenta y uno	enam puluh satu	[enam puluh satu]
sesenta y dos	enam puluh dua	[enam puluh dua]
sesenta y tres	enam puluh tiga	[enam puluh tiga]
setenta	tujuh puluh	[tudʒʲuh puluh]
setenta y uno	tujuh puluh satu	[tudʒʲuh puluh satu]
setenta y dos	tujuh puluh dua	[tudʒʲuh puluh dua]
setenta y tres	tujuh puluh tiga	[tudʒʲuh puluh tiga]
ochenta	delapan puluh	[delapan puluh]
ochenta y uno	delapan puluh satu	[delapan puluh satu]
ochenta y dos	delapan puluh dua	[delapan puluh dua]
ochenta y tres	delapan puluh tiga	[delapan puluh tiga]
noventa	sembilan puluh	[sembilan puluh]
noventa y uno	sembulan puluh satu	[sembulan puluh satu]
noventa y dos	sembilan puluh dua	[sembilan puluh dua]
noventa y tres	sembilan puluh tiga	[sembilan puluh tiga]

5. Números cardinales. Unidad 2

cien	seratus	[seratus]
doscientos	dua ratus	[dua ratus]
trescientos	tiga ratus	[tiga ratus]
cuatrocientos	empat ratus	[empat ratus]
quinientos	lima ratus	[lima ratus]
seiscientos	enam ratus	[enam ratus]
setecientos	tujuh ratus	[tudʒʲuh ratus]
ochocientos	delapan ratus	[delapan ratus]
novecientos	sembilan ratus	[sembilan ratus]
mil	seribu	[seribu]
dos mil	dua ribu	[dua ribu]
tres mil	tiga ribu	[tiga ribu]
diez mil	sepuluh ribu	[sepuluh ribu]
cien mil	seratus ribu	[seratus ribu]

millón (m)	juta	[dʒʲuta]
mil millones	miliar	[miliar]

6. Números ordinales

primero (adj)	pertama	[pərtama]
segundo (adj)	kedua	[kedua]
tercero (adj)	ketiga	[ketiga]
cuarto (adj)	keempat	[keempat]
quinto (adj)	kelima	[kelima]
sexto (adj)	keenam	[keenam]
séptimo (adj)	ketujuh	[ketudʒʲuh]
octavo (adj)	kedelapan	[kedelapan]
noveno (adj)	kesembilan	[kesembilan]
décimo (adj)	kesepuluh	[kesepuluh]

7. Números. Fracciones

fracción (f)	pecahan	[petʃahan]
un medio	seperdua	[seperdua]
un tercio	sepertiga	[sepertiga]
un cuarto	seperempat	[seperempat]
un octavo	seperdelapan	[seperdelapan]
un décimo	sepersepuluh	[sepersepuluh]
dos tercios	dua pertiga	[dua pərtiga]
tres cuartos	tiga perempat	[tiga pərempat]

8. Números. Operaciones básicas

sustracción (f)	pengurangan	[peŋuraŋan]
sustraer (vt)	mengurangkan	[məŋuraŋkan]
división (f)	pembagian	[pembagian]
dividir (vt)	membagi	[membagi]
adición (f)	penambahan	[penambahan]
sumar (totalizar)	menambahkan	[mənambahkan]
adicionar (vt)	menambahkan	[mənambahkan]
multiplicación (f)	pengalian	[peŋalian]
multiplicar (vt)	mengalikan	[məŋalikan]

9. Números. Miscelánea

cifra (f)	angka	[aŋka]
número (m) (~ cardinal)	nomor	[nomor]
numeral (m)	kata bilangan	[kata bilaŋan]
menos (m)	minus	[minus]

más (m)	plus	[plus]
fórmula (f)	rumus	[rumus]
cálculo (m)	perhitungan	[pərhituŋan]
contar (vt)	menghitung	[məŋhituŋ]
calcular (vt)	menghitung	[məŋhituŋ]
comparar (vt)	membandingkan	[membandiŋkan]
¿Cuánto?	Berapa?	[bərapa?]
suma (f)	jumlah	[dʒiumlah]
resultado (m)	hasil	[hasil]
resto (m)	sisa, baki	[sisa], [baki]
algunos, algunas ...	beberapa	[beberapa]
poco (adv)	sedikit	[sedikit]
resto (m)	selebihnya, sisanya	[selebihnja], [sisanja]
uno y medio	satu setengah	[satu seteŋah]
docena (f)	lusin	[lusin]
en dos	dua bagian	[dua bagian]
en partes iguales	rata	[rata]
mitad (f)	setengah	[seteŋah]
vez (f)	kali	[kali]

10. Los verbos más importantes. Unidad 1

abrir (vt)	membuka	[membuka]
acabar, terminar (vt)	mengakhiri	[məŋahiri]
aconsejar (vt)	menasihati	[mənasihati]
adivinar (vt)	menerka	[mənerka]
advertir (vt)	memperingatkan	[memperiŋatkan]
alabarse, jactarse (vr)	membual	[membual]
almorzar (vi)	makan siang	[makan siaŋ]
alquilar (~ una casa)	menyewa	[mənjewa]
amenazar (vt)	mengancam	[məŋantʃam]
arrepentirse (vr)	menyesal	[mənjesal]
ayudar (vt)	membantu	[membantu]
bañarse (vr)	berenang	[bərenaŋ]
bromear (vi)	bergurau	[bərgurau]
buscar (vt)	mencari ...	[məntʃari ...]
caer (vi)	jatuh	[dʒiatuh]
callarse (vr)	diam	[diam]
cambiar (vt)	mengubah	[məŋubah]
castigar, punir (vt)	menghukum	[məŋhukum]
cavar (vt)	menggali	[məŋgali]
cazar (vi, vt)	berburu	[bərburu]
cenar (vi)	makan malam	[makan malam]
cesar (vt)	menghentikan	[məŋhentikan]
coger (vt)	menangkap	[mənaŋkap]
comenzar (vt)	memulai, membuka	[memulaj], [membuka]
comparar (vt)	membandingkan	[membandiŋkan]

comprender (vt)	mengerti	[məŋerti]
confiar (vt)	mempercayai	[mempertʃajaj]
confundir (vt)	bingung membedakan	[biŋuŋ membedakan]
conocer (~ a alguien)	kenal	[kenal]
contar (vt) (enumerar)	menghitung	[məŋhituŋ]

contar con ...	mengharapkan ...	[məŋharapkan ...]
continuar (vt)	meneruskan	[məneruskan]
controlar (vt)	mengontrol	[məŋontrol]
correr (vi)	lari	[lari]
costar (vt)	berharga	[bərharga]
crear (vt)	menciptakan	[mentʃiptakan]

11. Los verbos más importantes. Unidad 2

dar (vt)	memberi	[memberi]
dar una pista	memberi petunjuk	[memberi petundʒʲuʔ]
decir (vt)	berkata	[bərkata]
decorar (para la fiesta)	menghiasi	[məŋhiasi]

defender (vt)	membela	[membela]
dejar caer	tercecer	[tərtʃetʃer]
desayunar (vi)	sarapan	[sarapan]
descender (vi)	turun	[turun]

dirigir (administrar)	memimpin	[memimpin]
disculpar (vt)	memaafkan	[memaʔafkan]
disculparse (vr)	meminta maaf	[meminta maʔaf]
discutir (vt)	membicarakan	[membitʃarakan]
dudar (vt)	ragu-ragu	[ragu-ragu]

encontrar (hallar)	menemukan	[mənemukan]
engañar (vi, vt)	menipu	[mənipu]
entrar (vi)	masuk, memasuki	[masuk], [memasuki]
enviar (vt)	mengirim	[məŋirim]

equivocarse (vr)	salah	[salah]
escoger (vt)	memilih	[memilih]
esconder (vt)	menyembunyikan	[mənjembunjikan]
escribir (vt)	menulis	[mənulis]
esperar (aguardar)	menunggu	[mənuŋgu]

esperar (tener esperanza)	berharap	[bərharap]
estar (vi)	sedang	[sedaŋ]
estar de acuerdo	setuju	[setudʒʲu]
estudiar (vt)	mempelajari	[mempeladʒʲari]

exigir (vt)	menuntut	[mənuntut]
existir (vi)	ada	[ada]
explicar (vt)	menjelaskan	[məndʒʲelaskan]
faltar (a las clases)	absen	[absen]
firmar (~ el contrato)	menandatangani	[mənandataŋani]
girar (~ a la izquierda)	membelok	[membeloʔ]
gritar (vi)	berteriak	[bərteriaʔ]

guardar (conservar)	menyimpan	[mənjimpan]
gustar (vi)	suka	[suka]
hablar (vi, vt)	berbicara	[bərbitʃara]

hacer (vt)	membuat	[membuat]
informar (vt)	menginformasikan	[məɲinformasikan]
insistir (vi)	mendesak	[məndesaʔ]
insultar (vt)	menghina	[məŋhina]

interesarse (vr)	menaruh minat pada ...	[mənaruh minat pada ...]
invitar (vt)	mengundang	[məŋundaŋ]
ir (a pie)	berjalan	[bərdʒˈalan]
jugar (divertirse)	bermain	[bərmajn]

12. Los verbos más importantes. Unidad 3

leer (vi, vt)	membaca	[membatʃa]
liberar (ciudad, etc.)	membebaskan	[membebaskan]
llamar (por ayuda)	memanggil	[memaŋgil]
llegar (vi)	datang	[dataŋ]
llorar (vi)	menangis	[mənaɲis]

matar (vt)	membunuh	[membunuh]
mencionar (vt)	menyebut	[mənjebut]
mostrar (vt)	menunjukkan	[mənundʒˈuʔkan]
nadar (vi)	berenang	[bərenaŋ]

negarse (vr)	menolak	[mənolaʔ]
objetar (vt)	keberatan	[keberatan]
observar (vt)	mengamati	[məŋamati]
oír (vt)	mendengar	[məndeŋar]

olvidar (vt)	melupakan	[melupakan]
orar (vi)	bersembahyang, berdoa	[bərsembahjaŋ], [bərdoa]
ordenar (mil.)	memerintahkan	[memerintahkan]
pagar (vi, vt)	membayar	[membajar]
pararse (vr)	berhenti	[bərhenti]

participar (vi)	turut serta	[turut serta]
pedir (ayuda, etc.)	meminta	[meminta]
pedir (en restaurante)	memesan	[memesan]
pensar (vi, vt)	berpikir	[bərpikir]

percibir (ver)	memperhatikan	[memperhatikan]
perdonar (vt)	memaafkan	[memaʔafkan]
permitir (vt)	mengizinkan	[məɲizinkan]
pertenecer a ...	kepunyaan ...	[kepunjaʔan ...]

planear (vt)	merencanakan	[merentʃanakan]
poder (v aux)	bisa	[bisa]
poseer (vt)	memiliki	[memiliki]
preferir (vt)	lebih suka	[lebih suka]
preguntar (vt)	bertanya	[bərtanja]
preparar (la cena)	memasak	[memasaʔ]

prever (vt)	menduga	[mənduga]
probar, tentar (vt)	mencoba	[məntʃoba]
prometer (vt)	berjanji	[bərdʒˈandʒi]
pronunciar (vt)	melafalkan	[melafalkan]

proponer (vt)	mengusulkan	[məŋusulkan]
quebrar (vt)	memecahkan	[memetʃahkan]
quejarse (vr)	mengeluh	[məŋeluh]
querer (amar)	mencintai	[məntʃintaj]
querer (desear)	mau, ingin	[mau], [iŋin]

13. Los verbos más importantes. Unidad 4

recomendar (vt)	merekomendasi	[merekomendasi]
regañar, reprender (vt)	memarahi, menegur	[memarahi], [menegur]
reírse (vr)	tertawa	[tərtawa]
repetir (vt)	mengulangi	[məŋulaŋi]
reservar (~ una mesa)	memesan	[memesan]
responder (vi, vt)	menjawab	[məndʒˈawab]

robar (vt)	mencuri	[məntʃuri]
saber (~ algo mas)	tahu	[tahu]
salir (vi)	keluar	[keluar]
salvar (vt)	menyelamatkan	[mənjelamatkan]
seguir ...	mengikuti ...	[məŋikuti ...]
sentarse (vr)	duduk	[duduʔ]

ser (vi)	ialah, adalah	[ialah], [adalah]
ser necesario	dibutuhkan	[dibutuhkan]
significar (vt)	berarti	[bərarti]

| sonreír (vi) | tersenyum | [tərsenyum] |
| sorprenderse (vr) | heran | [heran] |

| subestimar (vt) | meremehkan | [meremehkan] |
| tener (vt) | mempunyai | [mempunjaj] |

| tener hambre | lapar | [lapar] |
| tener miedo | takut | [takut] |

tener prisa	tergesa-gesa	[tərgesa-gesa]
tener sed	haus	[haus]
tirar, disparar (vi)	menembak	[mənembaʔ]
tocar (con las manos)	menyentuh	[mənjentuh]

| tomar (vt) | mengambil | [məŋambil] |
| tomar nota | mencatat | [məntʃatat] |

trabajar (vi)	bekerja	[bekerdʒˈa]
traducir (vt)	menerjemahkan	[mənerdʒˈemahkan]
unir (vt)	menyatukan	[mənjatukan]
vender (vt)	menjual	[məndʒˈual]
ver (vt)	melihat	[melihat]
volar (pájaro, avión)	terbang	[tərbaŋ]

14. Los colores

color (m)	warna	[warna]
matiz (m)	nuansa	[nuansa]
tono (m)	warna	[warna]
arco (m) iris	pelangi	[pelaŋi]
blanco (adj)	putih	[putih]
negro (adj)	hitam	[hitam]
gris (adj)	kelabu	[kelabu]
verde (adj)	hijau	[hidʒʲau]
amarillo (adj)	kuning	[kuniŋ]
rojo (adj)	merah	[merah]
azul (adj)	biru	[biru]
azul claro (adj)	biru muda	[biru muda]
rosa (adj)	pink	[pinʼ]
naranja (adj)	oranye, jingga	[oranje], [dʒiŋga]
violeta (adj)	violet, ungu muda	[violet], [uŋu muda]
marrón (adj)	cokelat	[tʃokelat]
dorado (adj)	keemasan	[keemasan]
argentado (adj)	keperakan	[keperakan]
beige (adj)	abu-abu kecokelatan	[abu-abu ketʃokelatan]
crema (adj)	krem	[krem]
turquesa (adj)	pirus	[pirus]
rojo cereza (adj)	merah tua	[merah tua]
lila (adj)	ungu	[uŋu]
carmesí (adj)	merah lembayung	[merah lembajuŋ]
claro (adj)	terang	[teraŋ]
oscuro (adj)	gelap	[gelap]
vivo (adj)	terang	[teraŋ]
de color (lápiz ~)	berwarna	[bərwarna]
en colores (película ~)	warna	[warna]
blanco y negro (adj)	hitam-putih	[hitam-putih]
unicolor (adj)	polos, satu warna	[polos], [satu warna]
multicolor (adj)	berwarna-warni	[bərwarna-warni]

15. Las preguntas

¿Quién?	Siapa?	[siapa?]
¿Qué?	Apa?	[apa?]
¿Dónde?	Di mana?	[di mana?]
¿Adónde?	Ke mana?	[ke mana?]
¿De dónde?	Dari mana?	[dari mana?]
¿Cuándo?	Kapan?	[kapan?]
¿Para qué?	Mengapa?	[məŋapa?]
¿Por qué?	Mengapa?	[məŋapa?]
¿Por qué razón?	Untuk apa?	[untuʼ apa?]

¿Cómo?	Bagaimana?	[bagajmana?]
¿Qué ...? (~ color)	Apa? Yang mana?	[apa?], [yaŋ mana?]
¿Cuál?	Yang mana?	[yaŋ mana?]

¿A quién?	Kepada siapa?	[kepada siapa?],
	Untuk siapa?	[untu' siapa?]
¿De quién? (~ hablan ...)	Tentang siapa?	[tentaŋ siapa?]
¿De qué?	Tentang apa?	[tentaŋ apa?]
¿Con quién?	Dengan siapa?	[deŋan siapa?]

| ¿Cuánto? | Berapa? | [bərapa?] |
| ¿De quién? | Milik siapa? | [mili' siapa?] |

16. Las preposiciones

con ... (~ algn)	dengan	[deŋan]
sin ... (~ azúcar)	tanpa	[tanpa]
a ... (p.ej. voy a México)	ke	[ke]
de ... (hablar ~)	tentang ...	[tentaŋ ...]
antes de ...	sebelum	[sebelum]
delante de ...	di depan ...	[di depan ...]

debajo	di bawah	[di bawah]
sobre ..., encima de ...	di atas	[di atas]
en, sobre (~ la mesa)	di atas	[di atas]
de (origen)	dari	[dari]
de (fabricado de)	dari	[dari]

| dentro de ... | dalam | [dalam] |
| encima de ... | melalui | [melalui] |

17. Las palabras útiles. Los adverbios. Unidad 1

¿Dónde?	Di mana?	[di mana?]
aquí (adv)	di sini	[di sini]
allí (adv)	di sana	[di sana]

| en alguna parte | di suatu tempat | [di suatu tempat] |
| en ninguna parte | tak ada di mana pun | [ta' ada di mana pun] |

| junto a ... | dekat | [dekat] |
| junto a la ventana | dekat jendela | [dekat dʒʲendela] |

¿A dónde?	Ke mana?	[ke mana?]
aquí (venga ~)	ke sini	[ke sini]
allí (vendré ~)	ke sana	[ke sana]
de aquí (adv)	dari sini	[dari sini]
de allí (adv)	dari sana	[dari sana]

cerca (no lejos)	dekat	[dekat]
lejos (adv)	jauh	[dʒʲauh]
cerca de ...	dekat	[dekat]

al lado (de ...)	dekat	[dekat]
no lejos (adv)	tidak jauh	[tida' dʒˈauh]
izquierdo (adj)	kiri	[kiri]
a la izquierda (situado ~)	di kiri	[di kiri]
a la izquierda (girar ~)	ke kiri	[ke kiri]
derecho (adj)	kanan	[kanan]
a la derecha (situado ~)	di kanan	[di kanan]
a la derecha (girar)	ke kanan	[ke kanan]
delante (yo voy ~)	di depan	[di depan]
delantero (adj)	depan	[depan]
adelante (movimiento)	ke depan	[ke depan]
detrás de ...	di belakang	[di belakaŋ]
desde atrás	dari belakang	[dari belakaŋ]
atrás (da un paso ~)	mundur	[mundur]
centro (m), medio (m)	tengah	[teŋah]
en medio (adv)	di tengah	[di teŋah]
de lado (adv)	di sisi, di samping	[di sisi], [di sampiŋ]
en todas partes	di mana-mana	[di mana-mana]
alrededor (adv)	di sekitar	[di sekitar]
de dentro (adv)	dari dalam	[dari dalam]
a alguna parte	ke suatu tempat	[ke suatu tempat]
todo derecho (adv)	terus	[terus]
atrás (muévelo para ~)	kembali	[kembali]
de alguna parte (adv)	dari mana pun	[dari mana pun]
no se sabe de dónde	dari suatu tempat	[dari suatu tempat]
primero (adv)	pertama	[pərtama]
segundo (adv)	kedua	[kedua]
tercero (adv)	ketiga	[ketiga]
de súbito (adv)	tiba-tiba	[tiba-tiba]
al principio (adv)	mula-mula	[mula-mula]
por primera vez	untuk pertama kalinya	[untu' pərtama kalinja]
mucho tiempo antes ...	jauh sebelum ...	[dʒˈauh sebelum ...]
de nuevo (adv)	kembali	[kembali]
para siempre (adv)	untuk selama-lamanya	[untu' selama-lamanja]
jamás, nunca (adv)	tidak pernah	[tida' pərnah]
de nuevo (adv)	lagi, kembali	[lagi], [kembali]
ahora (adv)	sekarang	[sekaraŋ]
frecuentemente (adv)	sering, seringkali	[seriŋ], [seriŋkali]
entonces (adv)	ketika itu	[ketika itu]
urgentemente (adv)	segera	[segera]
usualmente (adv)	biasanya	[biasanja]
a propósito, ...	ngomong-ngomong ...	[ŋomoŋ-ŋomoŋ ...]
es probable	mungkin	[muŋkin]
probablemente (adv)	mungkin	[muŋkin]

tal vez	mungkin	[muŋkin]
además ...	selain itu ...	[selajn itu ...]
por eso ...	karena itu ...	[karena itu ...]
a pesar de ...	meskipun ...	[meskipun ...]
gracias a ...	berkat ...	[berkat ...]
qué (pron)	apa	[apa]
que (conj)	bahwa	[bahwa]
algo (~ le ha pasado)	sesuatu	[sesuatu]
algo (~ así)	sesuatu	[sesuatu]
nada (f)	tidak sesuatu pun	[tida' sesuatu pun]
quien	siapa	[siapa]
alguien (viene ~)	seseorang	[seseoraŋ]
alguien (¿ha llamado ~?)	seseorang	[seseoraŋ]
nadie	tidak seorang pun	[tida' seoraŋ pun]
a ninguna parte	tidak ke mana pun	[tida' ke mana pun]
de nadie	tidak milik siapa pun	[tida' mili' siapa pun]
de alguien	milik seseorang	[mili' seseoraŋ]
tan, tanto (adv)	sangat	[saŋat]
también (~ habla francés)	juga	[dʒʲuga]
también (p.ej. Yo ~)	juga	[dʒʲuga]

18. Las palabras útiles. Los adverbios. Unidad 2

¿Por qué?	Mengapa?	[məŋapa?]
no se sabe porqué	entah mengapa	[entah məŋapa]
porque ...	karena ...	[karena ...]
por cualquier razón (adv)	untuk tujuan tertentu	[untu' tudʒʲuan tərtentu]
y (p.ej. uno y medio)	dan	[dan]
o (p.ej. té o café)	atau	[atau]
pero (p.ej. me gusta, ~)	tetapi, namun	[tetapi], [namun]
para (p.ej. es para ti)	untuk	[untu']
demasiado (adv)	terlalu	[tərlalu]
sólo, solamente (adv)	hanya	[hanja]
exactamente (adv)	tepat	[tepat]
unos ..., cerca de ... (~ 10 kg)	sekitar	[sekitar]
aproximadamente	kira-kira	[kira-kira]
aproximado (adj)	kira-kira	[kira-kira]
casi (adv)	hampir	[hampir]
resto (m)	selebihnya, sisanya	[selebihnja], [sisanja]
el otro (adj)	kedua	[kedua]
otro (p.ej. el otro día)	lain	[lain]
cada (adj)	setiap	[setiap]
cualquier (adj)	sebarang	[sebaraŋ]
mucho (adv)	banyak	[banja']
muchos (mucha gente)	banyak orang	[banja' oraŋ]

todos	semua	[semua]
a cambio de ...	sebagai ganti ...	[sebagaj ganti ...]
en cambio (adv)	sebagai gantinya	[sebagaj gantinja]
a mano (hecho ~)	dengan tangan	[deŋan taŋan]
poco probable	hampir tidak	[hampir tidaʔ]
probablemente	mungkin	[muŋkin]
a propósito (adv)	sengaja	[seŋadʒia]
por accidente (adv)	tidak sengaja	[tidaʔ seŋadʒia]
muy (adv)	sangat	[saŋat]
por ejemplo (adv)	misalnya	[misalnja]
entre (~ nosotros)	antara	[antara]
entre (~ otras cosas)	di antara	[di antara]
tanto (~ gente)	banyak sekali	[banjaʔ sekali]
especialmente (adv)	terutama	[terutama]

Conceptos básicos. Unidad 2

19. Los días de la semana

lunes (m)	**Hari Senin**	[hari senin]
martes (m)	**Hari Selasa**	[hari selasa]
miércoles (m)	**Hari Rabu**	[hari rabu]
jueves (m)	**Hari Kamis**	[hari kamis]
viernes (m)	**Hari Jumat**	[hari dʒʲumat]
sábado (m)	**Hari Sabtu**	[hari sabtu]
domingo (m)	**Hari Minggu**	[hari miŋgu]
hoy (adv)	**hari ini**	[hari ini]
mañana (adv)	**besok**	[besoʔ]
pasado mañana	**besok lusa**	[besoʔ lusa]
ayer (adv)	**kemarin**	[kemarin]
anteayer (adv)	**kemarin dulu**	[kemarin dulu]
día (m)	**hari**	[hari]
día (m) de trabajo	**hari kerja**	[hari kerdʒʲa]
día (m) de fiesta	**hari libur**	[hari libur]
día (m) de descanso	**hari libur**	[hari libur]
fin (m) de semana	**akhir pekan**	[ahir pekan]
todo el día	**seharian**	[seharian]
al día siguiente	**hari berikutnya**	[hari bərikutnja]
dos días atrás	**dua hari lalu**	[dua hari lalu]
en vísperas (adv)	**hari sebelumnya**	[hari sebelumnja]
diario (adj)	**harian**	[harian]
cada día (adv)	**tiap hari**	[tiap hari]
semana (f)	**minggu**	[miŋgu]
semana (f) pasada	**minggu lalu**	[miŋgu lalu]
semana (f) que viene	**minggu berikutnya**	[miŋgu bərikutnja]
semanal (adj)	**mingguan**	[miŋguan]
cada semana (adv)	**tiap minggu**	[tiap miŋgu]
2 veces por semana	**dua kali seminggu**	[dua kali semiŋgu]
todos los martes	**tiap Hari Selasa**	[tiap hari selasa]

20. Las horas. El día y la noche

mañana (f)	**pagi**	[pagi]
por la mañana	**pada pagi hari**	[pada pagi hari]
mediodía (m)	**tengah hari**	[teŋah hari]
por la tarde	**pada sore hari**	[pada sore hari]
noche (f)	**sore, malam**	[sore], [malam]
por la noche	**waktu sore**	[waktu sore]

noche (f) (p.ej. 2:00 a.m.)	malam	[malam]
por la noche	pada malam hari	[pada malam hari]
medianoche (f)	tengah malam	[teŋah malam]

segundo (m)	detik	[detiʔ]
minuto (m)	menit	[menit]
hora (f)	jam	[dʒʲam]
media hora (f)	setengah jam	[seteŋah dʒʲam]
cuarto (m) de hora	seperempat jam	[seperempat dʒʲam]
quince minutos	lima belas menit	[lima belas menit]
veinticuatro horas	siang-malam	[siaŋ-malam]

salida (f) del sol	matahari terbit	[matahari tərbit]
amanecer (m)	subuh	[subuh]
madrugada (f)	dini pagi	[dini pagi]
puesta (f) del sol	matahari terbenam	[matahari tərbenam]

de madrugada	pagi-pagi	[pagi-pagi]
esta mañana	pagi ini	[pagi ini]
mañana por la mañana	besok pagi	[besoʔ pagi]

esta tarde	sore ini	[sore ini]
por la tarde	pada sore hari	[pada sore hari]
mañana por la tarde	besok sore	[besoʔ sore]

| esta noche (p.ej. 8:00 p.m.) | sore ini | [sore ini] |
| mañana por la noche | besok malam | [besoʔ malam] |

a las tres en punto	pukul 3 tepat	[pukul tiga tepat]
a eso de las cuatro	sekitar pukul 4	[sekitar pukul empat]
para las doce	pada pukul 12	[pada pukul belas]

dentro de veinte minutos	dalam 20 menit	[dalam dua puluh menit]
dentro de una hora	dalam satu jam	[dalam satu dʒʲam]
a tiempo (adv)	tepat waktu	[tepat waktu]

... menos cuarto	... kurang seperempat	[... kuraŋ seperempat]
durante una hora	selama sejam	[selama sedʒʲam]
cada quince minutos	tiap 15 menit	[tiap lima belas menit]
día y noche	siang-malam	[siaŋ-malam]

21. Los meses. Las estaciones

enero (m)	Januari	[dʒʲanuari]
febrero (m)	Februari	[februari]
marzo (m)	Maret	[maret]
abril (m)	April	[april]
mayo (m)	Mei	[mei]
junio (m)	Juni	[dʒʲuni]

julio (m)	Juli	[dʒʲuli]
agosto (m)	Augustus	[augustus]
septiembre (m)	September	[september]
octubre (m)	Oktober	[oktober]

noviembre (m)	November	[november]
diciembre (m)	Desember	[desember]
primavera (f)	musim semi	[musim semi]
en primavera	pada musim semi	[pada musim semi]
de primavera (adj)	musim semi	[musim semi]
verano (m)	musim panas	[musim panas]
en verano	pada musim panas	[pada musim panas]
de verano (adj)	musim panas	[musim panas]
otoño (m)	musim gugur	[musim gugur]
en otoño	pada musim gugur	[pada musim gugur]
de otoño (adj)	musim gugur	[musim gugur]
invierno (m)	musim dingin	[musim diŋin]
en invierno	pada musim dingin	[pada musim diŋin]
de invierno (adj)	musim dingin	[musim diŋin]
mes (m)	bulan	[bulan]
este mes	bulan ini	[bulan ini]
al mes siguiente	bulan depan	[bulan depan]
el mes pasado	bulan lalu	[bulan lalu]
hace un mes	sebulan lalu	[sebulan lalu]
dentro de un mes	dalam satu bulan	[dalam satu bulan]
dentro de dos meses	dalam 2 bulan	[dalam dua bulan]
todo el mes	sepanjang bulan	[sepandʒˈaŋ bulan]
todo un mes	sebulan penuh	[sebulan penuh]
mensual (adj)	bulanan	[bulanan]
mensualmente (adv)	tiap bulan	[tiap bulan]
cada mes	tiap bulan	[tiap bulan]
dos veces por mes	dua kali sebulan	[dua kali sebulan]
año (m)	tahun	[tahun]
este año	tahun ini	[tahun ini]
el próximo año	tahun depan	[tahun depan]
el año pasado	tahun lalu	[tahun lalu]
hace un año	setahun lalu	[setahun lalu]
dentro de un año	dalam satu tahun	[dalam satu tahun]
dentro de dos años	dalam 2 tahun	[dalam dua tahun]
todo el año	sepanjang tahun	[sepandʒˈaŋ tahun]
todo un año	setahun penuh	[setahun penuh]
cada año	tiap tahun	[tiap tahun]
anual (adj)	tahunan	[tahunan]
anualmente (adv)	tiap tahun	[tiap tahun]
cuatro veces por año	empat kali setahun	[empat kali setahun]
fecha (f) (la ~ de hoy es …)	tanggal	[taŋgal]
fecha (f) (~ de entrega)	tanggal	[taŋgal]
calendario (m)	kalender	[kalender]
medio año (m)	setengah tahun	[seteŋah tahun]
seis meses	enam bulan	[enam bulan]

| estación (f) | musim | [musim] |
| siglo (m) | abad | [abad] |

22. Las unidades de medida

peso (m)	berat	[berat]
longitud (f)	panjang	[pandʒʲaŋ]
anchura (f)	lebar	[lebar]
altura (f)	ketinggian	[ketiŋgian]
profundidad (f)	kedalaman	[kedalaman]
volumen (m)	volume, isi	[volume], [isi]
área (f)	luas	[luas]

gramo (m)	gram	[gram]
miligramo (m)	miligram	[miligram]
kilogramo (m)	kilogram	[kilogram]
tonelada (f)	ton	[ton]
libra (f)	pon	[pon]
onza (f)	ons	[ons]

metro (m)	meter	[meter]
milímetro (m)	milimeter	[milimeter]
centímetro (m)	sentimeter	[sentimeter]
kilómetro (m)	kilometer	[kilometer]
milla (f)	mil	[mil]

pulgada (f)	inci	[intʃi]
pie (m)	kaki	[kaki]
yarda (f)	yard	[yard]

| metro (m) cuadrado | meter persegi | [meter pərsegi] |
| hectárea (f) | hektar | [hektar] |

litro (m)	liter	[liter]
grado (m)	derajat	[deradʒʲat]
voltio (m)	volt	[volt]
amperio (m)	ampere	[ampere]
caballo (m) de fuerza	tenaga kuda	[tenaga kuda]

cantidad (f)	kuantitas	[kuantitas]
un poco de …	sedikit …	[sedikit …]
mitad (f)	setengah	[setəŋah]

| docena (f) | lusin | [lusin] |
| pieza (f) | buah | [buah] |

| dimensión (f) | ukuran | [ukuran] |
| escala (f) (del mapa) | skala | [skala] |

mínimo (adj)	minimal	[minimal]
el más pequeño (adj)	terkecil	[tərketʃil]
medio (adj)	sedang	[sedaŋ]
máximo (adj)	maksimal	[maksimal]
el más grande (adj)	terbesar	[tərbesar]

23. Contenedores

tarro (m) de vidrio	gelas	[gelas]
lata (f)	kaleng	[kaleŋ]
cubo (m)	ember	[ember]
barril (m)	tong	[toŋ]

palangana (f)	baskom	[baskom]
tanque (m)	tangki	[taŋki]
petaca (f) (de alcohol)	pelples	[pelples]
bidón (m) de gasolina	jeriken	[dʒˈeriken]
cisterna (f)	tangki	[taŋki]

taza (f) (mug de cerámica)	mangkuk	[maŋkuʔ]
taza (f) (~ de café)	cangkir	[tʃaŋkir]
platillo (m)	alas cangkir	[alas tʃaŋkir]
vaso (m) (~ de agua)	gelas	[gelas]
copa (f) (~ de vino)	gelas anggur	[gelas aŋgur]
olla (f)	panci	[pantʃi]

botella (f)	botol	[botol]
cuello (m) de botella	leher	[leher]

garrafa (f)	karaf	[karaf]
jarro (m) (~ de agua)	kendi	[kendi]
recipiente (m)	wadah	[wadah]
tarro (m)	pot	[pot]
florero (m)	vas	[vas]

frasco (m) (~ de perfume)	botol	[botol]
frasquito (m)	botol kecil	[botol ketʃil]
tubo (m)	tabung	[tabuŋ]

saco (m) (~ de azúcar)	karung	[karuŋ]
bolsa (f) (~ plástica)	kantong	[kantoŋ]
paquete (m) (~ de cigarrillos)	bungkus	[buŋkus]

caja (f)	kotak, kardus	[kotak], [kardus]
cajón (m) (~ de madera)	kotak	[kotaʔ]
cesta (f)	bakul	[bakul]

EL SER HUMANO

El ser humano. El cuerpo

24. La cabeza

cabeza (f)	kepala	[kepala]
cara (f)	wajah	[wadʒˈah]
nariz (f)	hidung	[hiduŋ]
boca (f)	mulut	[mulut]
ojo (m)	mata	[mata]
ojos (m pl)	mata	[mata]
pupila (f)	pupil, biji mata	[pupil], [bidʒi mata]
ceja (f)	alis	[alis]
pestaña (f)	bulu mata	[bulu mata]
párpado (m)	kelopak mata	[kelopaʔ mata]
lengua (f)	lidah	[lidah]
diente (m)	gigi	[gigi]
labios (m pl)	bibir	[bibir]
pómulos (m pl)	tulang pipi	[tulaŋ pipi]
encía (f)	gusi	[gusi]
paladar (m)	langit-langit mulut	[laɲit-laɲit mulut]
ventanas (f pl)	lubang hidung	[lubaŋ hiduŋ]
mentón (m)	dagu	[dagu]
mandíbula (f)	rahang	[rahaŋ]
mejilla (f)	pipi	[pipi]
frente (f)	dahi	[dahi]
sien (f)	pelipis	[pelipis]
oreja (f)	telinga	[teliɲa]
nuca (f)	tengkuk	[teŋkuʔ]
cuello (m)	leher	[leher]
garganta (f)	tenggorok	[teŋgoroʔ]
pelo, cabello (m)	rambut	[rambut]
peinado (m)	tatanan rambut	[tatanan rambut]
corte (m) de pelo	potongan rambut	[potoŋan rambut]
peluca (f)	wig, rambut palsu	[wig], [rambut palsu]
bigote (m)	kumis	[kumis]
barba (f)	janggut	[dʒˈaŋgut]
tener (~ la barba)	memelihara	[memelihara]
trenza (f)	kepang	[kepaŋ]
patillas (f pl)	brewok	[brewoʔ]
pelirrojo (adj)	merah pirang	[merah piraŋ]
gris, canoso (adj)	beruban	[bəruban]

calvo (adj)	botak, plontos	[botak], [plontos]
calva (f)	botak	[botaʔ]
cola (f) de caballo	ekor kuda	[ekor kuda]
flequillo (m)	poni rambut	[poni rambut]

25. El cuerpo

mano (f)	tangan	[taŋan]
brazo (m)	lengan	[leŋan]
dedo (m)	jari	[dʒʲari]
dedo (m) del pie	jari	[dʒʲari]
dedo (m) pulgar	jempol	[dʒʲempol]
dedo (m) meñique	jari kelingking	[dʒʲari keliŋkiŋ]
uña (f)	kuku	[kuku]
puño (m)	kepalan tangan	[kepalan taŋan]
palma (f)	telapak	[telapaʔ]
muñeca (f)	pergelangan	[pərgelaŋan]
antebrazo (m)	lengan bawah	[leŋan bawah]
codo (m)	siku	[siku]
hombro (m)	bahu	[bahu]
pierna (f)	kaki	[kaki]
planta (f)	telapak kaki	[telapaʔ kaki]
rodilla (f)	lutut	[lutut]
pantorrilla (f)	betis	[betis]
cadera (f)	paha	[paha]
talón (m)	tumit	[tumit]
cuerpo (m)	tubuh	[tubuh]
vientre (m)	perut	[perut]
pecho (m)	dada	[dada]
seno (m)	payudara	[pajudara]
lado (m), costado (m)	rusuk	[rusuʔ]
espalda (f)	punggung	[puŋguŋ]
zona (f) lumbar	pinggang bawah	[piŋgaŋ bawah]
cintura (f), talle (m)	pinggang	[piŋgaŋ]
ombligo (m)	pusar	[pusar]
nalgas (f pl)	pantat	[pantat]
trasero (m)	pantat	[pantat]
lunar (m)	tanda lahir	[tanda lahir]
marca (f) de nacimiento	tanda lahir	[tanda lahir]
tatuaje (m)	tato	[tato]
cicatriz (f)	parut luka	[parut luka]

La ropa y los accesorios

26. La ropa exterior. Los abrigos

ropa (f)	pakaian	[pakajan]
ropa (f) de calle	pakaian luar	[pakajan luar]
ropa (f) de invierno	pakaian musim dingin	[pakajan musim diŋin]
abrigo (m)	mantel	[mantel]
abrigo (m) de piel	mantel bulu	[mantel bulu]
abrigo (m) corto de piel	jaket bulu	[dʒʲaket bulu]
chaqueta (f) plumón	jaket bulu halus	[dʒʲaket bulu halus]
cazadora (f)	jaket	[dʒʲaket]
impermeable (m)	jas hujan	[dʒʲas hudʒʲan]
impermeable (adj)	kedap air	[kedap air]

27. Ropa de hombre y mujer

camisa (f)	kemeja	[kemedʒʲa]
pantalones (m pl)	celana	[tʃelana]
jeans, vaqueros (m pl)	celana jins	[tʃelana dʒins]
chaqueta (f), saco (m)	jas	[dʒʲas]
traje (m)	setelan	[setelan]
vestido (m)	gaun	[gaun]
falda (f)	rok	[roʔ]
blusa (f)	blus	[blus]
rebeca (f), chaqueta (f) de punto	jaket wol	[dʒʲaket wol]
chaqueta (f)	jaket	[dʒʲaket]
camiseta (f) (T-shirt)	baju kaus	[badʒʲu kaus]
pantalones (m pl) cortos	celana pendek	[tʃelana pendeʔ]
traje (m) deportivo	pakaian olahraga	[pakajan olahraga]
bata (f) de baño	jubah mandi	[dʒʲubah mandi]
pijama (m)	piyama	[piyama]
suéter (m)	sweter	[sweter]
pulóver (m)	pulover	[pulover]
chaleco (m)	rompi	[rompi]
frac (m)	jas berbuntut	[dʒʲas berbuntut]
esmoquin (m)	jas malam	[dʒʲas malam]
uniforme (m)	seragam	[seragam]
ropa (f) de trabajo	pakaian kerja	[pakajan kerdʒʲa]
mono (m)	baju monyet	[badʒʲu monjet]
bata (f) (p. ej. ~ blanca)	jas	[dʒʲas]

31

28. La ropa. La ropa interior

ropa (f) interior	pakaian dalam	[pakajan dalam]
bóxer (m)	celana dalam lelaki	[tʃelana dalam lelaki]
bragas (f pl)	celana dalam wanita	[tʃelana dalam wanita]
camiseta (f) interior	singlet	[siŋlet]
calcetines (m pl)	kaus kaki	[kaus kaki]
camisón (m)	baju tidur	[badʒʲu tidur]
sostén (m)	beha	[beha]
calcetines (m pl) altos	kaus kaki selutut	[kaus kaki selutut]
pantimedias (f pl)	pantihos	[pantihos]
medias (f pl)	kaus kaki panjang	[kaus kaki pandʒʲaŋ]
traje (m) de baño	baju renang	[badʒʲu renaŋ]

29. Gorras

gorro (m)	topi	[topi]
sombrero (m) de fieltro	topi bulat	[topi bulat]
gorra (f) de béisbol	topi bisbol	[topi bisbol]
gorra (f) plana	topi pet	[topi pet]
boina (f)	baret	[baret]
capuchón (m)	kerudung kepala	[keruduŋ kepala]
panamá (m)	topi panama	[topi panama]
gorro (m) de punto	topi rajut	[topi radʒʲut]
pañuelo (m)	tudung kepala	[tuduŋ kepala]
sombrero (m) de mujer	topi wanita	[topi wanita]
casco (m) (~ protector)	topi baja	[topi badʒʲa]
gorro (m) de campaña	topi lipat	[topi lipat]
casco (m) (~ de moto)	helm	[helm]
bombín (m)	topi bulat	[topi bulat]
sombrero (m) de copa	topi tinggi	[topi tiŋgi]

30. El calzado

calzado (m)	sepatu	[sepatu]
botas (f pl)	sepatu bot	[sepatu bot]
zapatos (m pl) (~ de tacón bajo)	sepatu wanita	[sepatu wanita]
botas (f pl) altas	sepatu lars	[sepatu lars]
zapatillas (f pl)	pantofel	[pantofel]
tenis (m pl)	sepatu tenis	[sepatu tenis]
zapatillas (f pl) de lona	sepatu kets	[sepatu kets]
sandalias (f pl)	sandal	[sandal]
zapatero (m)	tukang sepatu	[tukaŋ sepatu]
tacón (m)	tumit	[tumit]

par (m)	sepasang	[sepasaŋ]
cordón (m)	tali sepatu	[tali sepatu]
encordonar (vt)	mengikat tali	[məŋikat tali]
calzador (m)	sendok sepatu	[sendo' sepatu]
betún (m)	semir sepatu	[semir sepatu]

31. Accesorios personales

guantes (m pl)	sarung tangan	[saruŋ taŋan]
manoplas (f pl)	sarung tangan	[saruŋ taŋan]
bufanda (f)	selendang	[selendaŋ]

gafas (f pl)	kacamata	[katʃamata]
montura (f)	bingkai	[biŋkaj]
paraguas (m)	payung	[pajuŋ]
bastón (m)	tongkat jalan	[toŋkat dʒ'alan]
cepillo (m) de pelo	sikat rambut	[sikat rambut]
abanico (m)	kipas	[kipas]

corbata (f)	dasi	[dasi]
pajarita (f)	dasi kupu-kupu	[dasi kupu-kupu]
tirantes (m pl)	bretel	[bretel]
moquero (m)	sapu tangan	[sapu taŋan]

peine (m)	sisir	[sisir]
pasador (m) de pelo	jepit rambut	[dʒ'epit rambut]
horquilla (f)	harnal	[harnal]
hebilla (f)	gesper	[gesper]

| cinturón (m) | sabuk | [sabu'] |
| correa (f) (de bolso) | tali tas | [tali tas] |

bolsa (f)	tas	[tas]
bolso (m)	tas tangan	[tas taŋan]
mochila (f)	ransel	[ransel]

32. La ropa. Miscelánea

moda (f)	mode	[mode]
de moda (adj)	modis	[modis]
diseñador (m) de moda	perancang busana	[pərantʃaŋ busana]

cuello (m)	kerah	[kerah]
bolsillo (m)	saku	[saku]
de bolsillo (adj)	saku	[saku]
manga (f)	lengan	[leŋan]
presilla (f)	tali kait	[tali kait]
bragueta (f)	golbi	[golbi]

cremallera (f)	ritsleting	[ritsletiŋ]
cierre (m)	kancing	[kantʃiŋ]
botón (m)	kancing	[kantʃiŋ]

ojal (m)	lubang kancing	[lubaŋ kanʧiŋ]
saltar (un botón)	terlepas	[tərlepas]
coser (vi, vt)	menjahit	[mənʤ¡ahit]
bordar (vt)	membordir	[membordir]
bordado (m)	bordiran	[bordiran]
aguja (f)	jarum	[ʤ¡arum]
hilo (m)	benang	[benaŋ]
costura (f)	setik	[setiʔ]
ensuciarse (vr)	kena kotor	[kena kotor]
mancha (f)	bercak	[berʧaʔ]
arrugarse (vr)	kumal	[kumal]
rasgar (vt)	merobek	[merobeʔ]
polilla (f)	ngengat	[ŋeŋat]

33. Productos personales. Cosméticos

pasta (f) de dientes	pasta gigi	[pasta gigi]
cepillo (m) de dientes	sikat gigi	[sikat gigi]
limpiarse los dientes	menggosok gigi	[məŋgoso' gigi]
maquinilla (f) de afeitar	pisau cukur	[pisau ʧukur]
crema (f) de afeitar	krim cukur	[krim ʧukur]
afeitarse (vr)	bercukur	[berʧukur]
jabón (m)	sabun	[sabun]
champú (m)	sampo	[sampo]
tijeras (f pl)	gunting	[guntiŋ]
lima (f) de uñas	kikir kuku	[kikir kuku]
cortaúñas (m pl)	pemotong kuku	[pemotoŋ kuku]
pinzas (f pl)	pinset	[pinset]
cosméticos (m pl)	kosmetik	[kosmetiʔ]
mascarilla (f)	masker	[masker]
manicura (f)	manikur	[manikur]
hacer la manicura	melakukan manikur	[melakukan manikur]
pedicura (f)	pedi	[pedi]
bolsa (f) de maquillaje	tas kosmetik	[tas kosmetiʔ]
polvos (m pl)	bedak	[bedaʔ]
polvera (f)	kotak bedak	[kota' bedaʔ]
colorete (m), rubor (m)	perona pipi	[pərona pipi]
perfume (m)	parfum	[parfum]
agua (f) de tocador	minyak wangi	[minja' waŋi]
loción (f)	losion	[losjon]
agua (f) de Colonia	kolonye	[kolone]
sombra (f) de ojos	pewarna mata	[pewarna mata]
lápiz (m) de ojos	pensil alis	[pensil alis]
rímel (m)	celak	[ʧelaʔ]
pintalabios (m)	lipstik	[lipstiʔ]

esmalte (m) de uñas	kuteks, cat kuku	[kuteks], [ʧat kuku]
fijador (m) para el pelo	semprotan rambut	[semprotan rambut]
desodorante (m)	deodoran	[deodoran]

crema (f)	krim	[krim]
crema (f) de belleza	krim wajah	[krim wadʒʲah]
crema (f) de manos	krim tangan	[krim taŋan]
crema (f) antiarrugas	krim antikerut	[krim antikerut]
crema (f) de día	krim siang	[krim siaŋ]
crema (f) de noche	krim malam	[krim malam]
de día (adj)	siang	[siaŋ]
de noche (adj)	malam	[malam]

tampón (m)	tampon	[tampon]
papel (m) higiénico	kertas toilet	[kertas toylet]
secador (m) de pelo	pengering rambut	[peŋeriŋ rambut]

34. Los relojes

reloj (m)	arloji	[arlodʒi]
esfera (f)	piringan jam	[piriŋan dʒʲam]
aguja (f)	jarum	[dʒʲarum]
pulsera (f)	rantai arloji	[rantaj arlodʒi]
correa (f) (del reloj)	tali arloji	[tali arlodʒi]

pila (f)	baterai	[bateraj]
descargarse (vr)	mati	[mati]
cambiar la pila	mengganti baterai	[məŋganti bateraj]
adelantarse (vr)	cepat	[ʧepat]
retrasarse (vr)	terlambat	[terlambat]

reloj (m) de pared	jam dinding	[dʒʲam dindiŋ]
reloj (m) de arena	jam pasir	[dʒʲam pasir]
reloj (m) de sol	jam matahari	[dʒʲam matahari]
despertador (m)	weker	[weker]
relojero (m)	tukang jam	[tukaŋ dʒʲam]
reparar (vt)	mereparasi, memperbaiki	[mereparasi], [memperbajki]

La comida y la nutrición

35. La comida

carne (f)	daging	[dagiŋ]
gallina (f)	ayam	[ajam]
pollo (m)	anak ayam	[ana' ajam]
pato (m)	bebek	[bebeʔ]
ganso (m)	angsa	[aŋsa]
caza (f) menor	binatang buruan	[binataŋ buruan]
pava (f)	kalkun	[kalkun]
carne (f) de cerdo	daging babi	[dagiŋ babi]
carne (f) de ternera	daging anak sapi	[dagiŋ ana' sapi]
carne (f) de carnero	daging domba	[dagiŋ domba]
carne (f) de vaca	daging sapi	[dagiŋ sapi]
conejo (m)	kelinci	[kelintʃi]
salchichón (m)	sosis	[sosis]
salchicha (f)	sosis	[sosis]
beicon (m)	bakon	[beykon]
jamón (m)	ham, daging kornet	[ham], [dagiŋ kornet]
jamón (m) fresco	ham	[ham]
paté (m)	pasta	[pasta]
hígado (m)	hati	[hati]
carne (f) picada	daging giling	[dagiŋ giliŋ]
lengua (f)	lidah	[lidah]
huevo (m)	telur	[telur]
huevos (m pl)	telur	[telur]
clara (f)	putih telur	[putih telur]
yema (f)	kuning telur	[kuniŋ telur]
pescado (m)	ikan	[ikan]
mariscos (m pl)	makanan laut	[makanan laut]
crustáceos (m pl)	krustasea	[krustasea]
caviar (m)	caviar	[kaviar]
cangrejo (m) de mar	kepiting	[kepitiŋ]
camarón (m)	udang	[udaŋ]
ostra (f)	tiram	[tiram]
langosta (f)	lobster berduri	[lobster berduri]
pulpo (m)	gurita	[gurita]
calamar (m)	cumi-cumi	[tʃumi-tʃumi]
esturión (m)	ikan sturgeon	[ikan sturdʒien]
salmón (m)	salmon	[salmon]
fletán (m)	ikan turbot	[ikan turbot]
bacalao (m)	ikan kod	[ikan kod]

caballa (f)	ikan kembung	[ikan kembuŋ]
atún (m)	tuna	[tuna]
anguila (f)	belut	[belut]
trucha (f)	ikan forel	[ikan forel]
sardina (f)	sarden	[sarden]
lucio (m)	ikan pike	[ikan paik]
arenque (m)	ikan haring	[ikan hariŋ]
pan (m)	roti	[roti]
queso (m)	keju	[kedʒʲu]
azúcar (m)	gula	[gula]
sal (f)	garam	[garam]
arroz (m)	beras, nasi	[beras], [nasi]
macarrones (m pl)	makaroni	[makaroni]
tallarines (m pl)	mi	[mi]
mantequilla (f)	mentega	[məntega]
aceite (m) vegetal	minyak nabati	[minjaʔ nabati]
aceite (m) de girasol	minyak bunga matahari	[minjaʔ buŋa matahari]
margarina (f)	margarin	[margarin]
olivas, aceitunas (f pl)	buah zaitun	[buah zajtun]
aceite (m) de oliva	minyak zaitun	[minjaʔ zajtun]
leche (f)	susu	[susu]
leche (f) condensada	susu kental	[susu kental]
yogur (m)	yogurt	[yogurt]
nata (f) agria	krim asam	[krim asam]
nata (f) líquida	krim, kepala susu	[krim], [kepala susu]
mayonesa (f)	mayones	[majones]
crema (f) de mantequilla	krim	[krim]
cereales (m pl) integrales	menir	[menir]
harina (f)	tepung	[tepuŋ]
conservas (f pl)	makanan kalengan	[makanan kaleŋan]
copos (m pl) de maíz	emping jagung	[empiŋ dʒʲaguŋ]
miel (f)	madu	[madu]
confitura (f)	selai	[selaj]
chicle (m)	permen karet	[pərmen karet]

36. Las bebidas

agua (f)	air	[air]
agua (f) potable	air minum	[air minum]
agua (f) mineral	air mineral	[air mineral]
sin gas	tanpa gas	[tanpa gas]
gaseoso (adj)	berkarbonasi	[bərkarbonasi]
con gas	bergas	[bərgas]
hielo (m)	es	[es]

con hielo	dengan es	[deŋan es]
sin alcohol	tanpa alkohol	[tanpa alkohol]
bebida (f) sin alcohol	minuman ringan	[minuman riŋan]
refresco (m)	minuman penygar	[minuman penigar]
limonada (f)	limun	[limun]
bebidas (f pl) alcohólicas	minoman beralkohol	[minoman bəralkohol]
vino (m)	anggur	[aŋgur]
vino (m) blanco	anggur putih	[aŋgur putih]
vino (m) tinto	anggur merah	[aŋgur merah]
licor (m)	likeur	[likeur]
champaña (f)	sampanye	[sampanje]
vermú (m)	vermouth	[vermut]
whisky (m)	wiski	[wiski]
vodka (m)	vodka	[vodka]
ginebra (f)	jin, jenewer	[dʒin], [dʒʲenewer]
coñac (m)	konyak	[konjaʔ]
ron (m)	rum	[rum]
café (m)	kopi	[kopi]
café (m) solo	kopi pahit	[kopi pahit]
café (m) con leche	kopi susu	[kopi susu]
capuchino (m)	cappuccino	[kaputʃino]
café (m) soluble	kopi instan	[kopi instan]
leche (f)	susu	[susu]
cóctel (m)	koktail	[koktajl]
batido (m)	susu kocok	[susu kotʃoʔ]
zumo (m), jugo (m)	jus	[dʒʲus]
jugo (m) de tomate	jus tomat	[dʒʲus tomat]
zumo (m) de naranja	jus jeruk	[dʒʲus dʒʲeruʔ]
zumo (m) fresco	jus peras	[dʒʲus peras]
cerveza (f)	bir	[bir]
cerveza (f) rubia	bir putih	[bir putih]
cerveza (f) negra	bir hitam	[bir hitam]
té (m)	teh	[teh]
té (m) negro	teh hitam	[teh hitam]
té (m) verde	teh hijau	[teh hidʒʲau]

37. Las verduras

legumbres (f pl)	sayuran	[sajuran]
verduras (f pl)	sayuran hijau	[sajuran hidʒʲau]
tomate (m)	tomat	[tomat]
pepino (m)	mentimun, ketimun	[məntimun], [ketimun]
zanahoria (f)	wortel	[wortel]
patata (f)	kentang	[kentaŋ]
cebolla (f)	bawang	[bawaŋ]

ajo (m)	bawang putih	[bawaŋ putih]
col (f)	kol	[kol]
coliflor (f)	kembang kol	[kembaŋ kol]
col (f) de Bruselas	kol Brussels	[kol brusels]
brócoli (m)	brokoli	[brokoli]
remolacha (f)	ubi bit merah	[ubi bit merah]
berenjena (f)	terung, terong	[teruŋ], [teroŋ]
calabacín (m)	labu siam	[labu siam]
calabaza (f)	labu	[labu]
nabo (m)	turnip	[turnip]
perejil (m)	peterseli	[peterseli]
eneldo (m)	adas sowa	[adas sowa]
lechuga (f)	selada	[selada]
apio (m)	seledri	[seledri]
espárrago (m)	asparagus	[asparagus]
espinaca (f)	bayam	[bajam]
guisante (m)	kacang polong	[katʃaŋ poloŋ]
habas (f pl)	kacang-kacangan	[katʃaŋ-katʃaŋan]
maíz (m)	jagung	[dʒʲaguŋ]
fréjol (m)	kacang buncis	[katʃaŋ buntʃis]
pimiento (m) dulce	cabai	[tʃabaj]
rábano (m)	radis	[radis]
alcachofa (f)	artisyok	[artiʃoʔ]

38. Las frutas. Las nueces

fruto (m)	buah	[buah]
manzana (f)	apel	[apel]
pera (f)	pir	[pir]
limón (m)	jeruk sitrun	[dʒʲeruʔ sitrun]
naranja (f)	jeruk manis	[dʒʲeruʔ manis]
fresa (f)	stroberi	[stroberi]
mandarina (f)	jeruk mandarin	[dʒʲeruʔ mandarin]
ciruela (f)	plum	[plum]
melocotón (m)	persik	[persiʔ]
albaricoque (m)	aprikot	[aprikot]
frambuesa (f)	buah frambus	[buah frambus]
piña (f)	nanas	[nanas]
banana (f)	pisang	[pisaŋ]
sandía (f)	semangka	[semaŋka]
uva (f)	buah anggur	[buah aŋgur]
guinda (f)	buah ceri asam	[buah tʃeri asam]
cereza (f)	buah ceri manis	[buah tʃeri manis]
melón (m)	melon	[melon]
pomelo (m)	jeruk Bali	[dʒʲeruʔ bali]
aguacate (m)	avokad	[avokad]
papaya (f)	pepaya	[pepaja]

mango (m)	mangga	[maŋga]
granada (f)	buah delima	[buah delima]
grosella (f) roja	redcurrant	[redkaren]
grosella (f) negra	blackcurrant	[bleʔkaren]
grosella (f) espinosa	buah arbei hijau	[buah arbei hidʒʲau]
arándano (m)	buah bilberi	[buah bilberi]
zarzamoras (f pl)	beri hitam	[beri hitam]
pasas (f pl)	kismis	[kismis]
higo (m)	buah ara	[buah ara]
dátil (m)	buah kurma	[buah kurma]
cacahuete (m)	kacang tanah	[katʃaŋ tanah]
almendra (f)	badam	[badam]
nuez (f)	buah walnut	[buah walnut]
avellana (f)	kacang hazel	[katʃaŋ hazel]
nuez (f) de coco	buah kelapa	[buah kelapa]
pistachos (m pl)	badam hijau	[badam hidʒʲau]

39. El pan. Los dulces

pasteles (m pl)	kue-mue	[kue-mue]
pan (m)	roti	[roti]
galletas (f pl)	biskuit	[biskuit]
chocolate (m)	cokelat	[tʃokelat]
de chocolate (adj)	cokelat	[tʃokelat]
caramelo (m)	permen	[pərmen]
tarta (f) (pequeña)	kue	[kue]
tarta (f) (~ de cumpleaños)	kue tar	[kue tar]
tarta (f) (~ de manzana)	pai	[pai]
relleno (m)	inti	[inti]
confitura (f)	selai buah utuh	[selaj buah utuh]
mermelada (f)	marmelade	[marmelade]
gofre (m)	wafel	[wafel]
helado (m)	es krim	[es krim]
pudin (m)	puding	[pudiŋ]

40. Los platos

plato (m)	masakan, hidangan	[masakan], [hidaŋan]
cocina (f)	masakan	[masakan]
receta (f)	resep	[resep]
porción (f)	porsi	[porsi]
ensalada (f)	salada	[salada]
sopa (f)	sup	[sup]
caldo (m)	kaldu	[kaldu]
bocadillo (m)	roti lapis	[roti lapis]

huevos (m pl) fritos	telur mata sapi	[telur mata sapi]
hamburguesa (f)	hamburger	[hamburger]
bistec (m)	bistik	[bistiʔ]

guarnición (f)	lauk	[lauʔ]
espagueti (m)	spageti	[spageti]
puré (m) de patatas	kentang tumbuk	[kentaŋ tumbuʔ]
pizza (f)	piza	[piza]
gachas (f pl)	bubur	[bubur]
tortilla (f) francesa	telur dadar	[telur dadar]

cocido en agua (adj)	rebus	[rebus]
ahumado (adj)	asap	[asap]
frito (adj)	goreng	[goreŋ]
seco (adj)	kering	[keriŋ]
congelado (adj)	beku	[beku]
marinado (adj)	marinade	[marinade]

azucarado, dulce (adj)	manis	[manis]
salado (adj)	asin	[asin]
frío (adj)	dingin	[diŋin]
caliente (adj)	panas	[panas]
amargo (adj)	pahit	[pahit]
sabroso (adj)	enak	[enaʔ]

cocer en agua	merebus	[merebus]
preparar (la cena)	memasak	[memasaʔ]
freír (vt)	menggoreng	[məŋgoreŋ]
calentar (vt)	memanaskan	[memanaskan]

salar (vt)	menggarami	[məŋgarami]
poner pimienta	membubuh merica	[membubuh meritʃa]
rallar (vt)	memarut	[memarut]
piel (f)	kulit	[kulit]
pelar (vt)	mengupas	[məŋupas]

41. Las especias

sal (f)	garam	[garam]
salado (adj)	asin	[asin]
salar (vt)	menggarami	[məŋgarami]

pimienta (f) negra	merica	[meritʃa]
pimienta (f) roja	cabai merah	[tʃabaj merah]
mostaza (f)	mustar	[mustar]
rábano (m) picante	lobak pedas	[lobaʔ pedas]

condimento (m)	bumbu	[bumbu]
especia (f)	rempah-rempah	[rempah-rempah]
salsa (f)	saus	[saus]
vinagre (m)	cuka	[tʃuka]

anís (m)	adas manis	[adas manis]
albahaca (f)	selasih	[selasih]

clavo (m)	cengkih	[tʃeŋkih]
jengibre (m)	jahe	[dʒʲahe]
cilantro (m)	ketumbar	[ketumbar]
canela (f)	kayu manis	[kaju manis]

sésamo (m)	wijen	[widʒʲen]
hoja (f) de laurel	daun salam	[daun salam]
paprika (f)	cabai	[tʃabaj]
comino (m)	jintan	[dʒintan]
azafrán (m)	kuma-kuma	[kuma-kuma]

42. Las comidas

| comida (f) | makanan | [makanan] |
| comer (vi, vt) | makan | [makan] |

desayuno (m)	makan pagi, sarapan	[makan pagi], [sarapan]
desayunar (vi)	sarapan	[sarapan]
almuerzo (m)	makan siang	[makan siaŋ]
almorzar (vi)	makan siang	[makan siaŋ]
cena (f)	makan malam	[makan malam]
cenar (vi)	makan malam	[makan malam]

| apetito (m) | nafsu makan | [nafsu makan] |
| ¡Que aproveche! | Selamat makan! | [selamat makan!] |

| abrir (vt) | membuka | [membuka] |
| derramar (líquido) | menumpahkan | [mənumpahkan] |

hervir (vi)	mendidih	[məndidih]
hervir (vt)	mendidihkan	[məndidihkan]
hervido (agua ~a)	masak	[masaʔ]

| enfriar (vt) | mendinginkan | [məndiŋinkan] |
| enfriarse (vr) | mendingin | [məndiŋin] |

| sabor (m) | rasa | [rasa] |
| regusto (m) | nuansa rasa | [nuansa rasa] |

adelgazar (vi)	berdiet	[berdiet]
dieta (f)	diet, pola makan	[diet], [pola makan]
vitamina (f)	vitamin	[vitamin]
caloría (f)	kalori	[kalori]

| vegetariano (m) | vegetarian | [vegetarian] |
| vegetariano (adj) | vegetarian | [vegetarian] |

grasas (f pl)	lemak	[lemaʔ]
proteínas (f pl)	protein	[protein]
carbohidratos (m pl)	karbohidrat	[karbohidrat]

loncha (f)	irisan	[irisan]
pedazo (m)	potongan	[potoŋan]
miga (f)	remah	[remah]

43. Los cubiertos

cuchara (f)	sendok	[sendo']
cuchillo (m)	pisau	[pisau]
tenedor (m)	garpu	[garpu]
taza (f)	cangkir	[tʃaŋkir]
plato (m)	piring	[piriŋ]
platillo (m)	alas cangkir	[alas tʃaŋkir]
servilleta (f)	serbet	[serbet]
mondadientes (m)	tusuk gigi	[tusu' gigi]

44. El restaurante

restaurante (m)	restoran	[restoran]
cafetería (f)	warung kopi	[waruŋ kopi]
bar (m)	bar	[bar]
salón (m) de té	warung teh	[waruŋ teh]
camarero (m)	pelayan lelaki	[pelajan lelaki]
camarera (f)	pelayan perempuan	[pelajan perempuan]
barman (m)	pelayan bar	[pelajan bar]
carta (f), menú (m)	menu	[menu]
carta (f) de vinos	daftar anggur	[daftar aŋgur]
reservar una mesa	memesan meja	[memesan medʒ'a]
plato (m)	masakan, hidangan	[masakan], [hidaŋan]
pedir (vt)	memesan	[memesan]
hacer un pedido	memesan	[memesan]
aperitivo (m)	aperitif	[aperitif]
entremés (m)	makanan ringan	[makanan riŋan]
postre (m)	hidangan penutup	[hidaŋan penutup]
cuenta (f)	bon	[bon]
pagar la cuenta	membayar bon	[membajar bon]
dar la vuelta	memberikan uang kembalian	[memberikan uaŋ kembalian]
propina (f)	tip	[tip]

La familia nuclear, los parientes y los amigos

45. La información personal. Los formularios

nombre (m)	**nama, nama depan**	[nama], [nama depan]
apellido (m)	**nama keluarga**	[nama keluarga]
fecha (f) de nacimiento	**tanggal lahir**	[taŋgal lahir]
lugar (m) de nacimiento	**tempat lahir**	[tempat lahir]
nacionalidad (f)	**kebangsaan**	[kebaŋsa'an]
domicilio (m)	**tempat tinggal**	[tempat tiŋgal]
país (m)	**negara, negeri**	[negara], [negeri]
profesión (f)	**profesi**	[profesi]
sexo (m)	**jenis kelamin**	[dʒʲenis kelamin]
estatura (f)	**tinggi badan**	[tiŋgi badan]
peso (m)	**berat**	[berat]

46. Los familiares. Los parientes

madre (f)	**ibu**	[ibu]
padre (m)	**ayah**	[ajah]
hijo (m)	**anak lelaki**	[ana' lelaki]
hija (f)	**anak perempuan**	[ana' pərempuan]
hija (f) menor	**anak perempuan bungsu**	[ana' pərempuan buŋsu]
hijo (m) menor	**anak lelaki bungsu**	[ana' lelaki buŋsu]
hija (f) mayor	**anak perempuan sulung**	[ana' pərempuan suluŋ]
hijo (m) mayor	**anak lelaki sulung**	[ana' lelaki suluŋ]
hermano (m)	**saudara lelaki**	[saudara lelaki]
hermano (m) mayor	**kakak lelaki**	[kaka' lelaki]
hermano (m) menor	**adik lelaki**	[adi' lelaki]
hermana (f)	**saudara perempuan**	[saudara pərempuan]
hermana (f) mayor	**kakak perempuan**	[kaka' pərempuan]
hermana (f) menor	**adik perempuan**	[adi' pərempuan]
primo (m)	**sepupu lelaki**	[sepupu lelaki]
prima (f)	**sepupu perempuan**	[sepupu pərempuan]
mamá (f)	**mama, ibu**	[mama], [ibu]
papá (m)	**papa, ayah**	[papa], [ajah]
padres (pl)	**orang tua**	[oraŋ tua]
niño -a (m, f)	**anak**	[ana']
niños (pl)	**anak-anak**	[ana'-ana']
abuela (f)	**nenek**	[nene']
abuelo (m)	**kakek**	[kake']

nieto (m)	cucu laki-laki	[ʧuʧu laki-laki]
nieta (f)	cucu perempuan	[ʧuʧu pərempuan]
nietos (pl)	cucu	[ʧuʧu]
tío (m)	paman	[paman]
tía (f)	bibi	[bibi]
sobrino (m)	keponakan laki-laki	[keponakan laki-laki]
sobrina (f)	keponakan perempuan	[keponakan pərempuan]
suegra (f)	ibu mertua	[ibu mertua]
suegro (m)	ayah mertua	[ajah mertua]
yerno (m)	menantu laki-laki	[mənantu laki-laki]
madrastra (f)	ibu tiri	[ibu tiri]
padrastro (m)	ayah tiri	[ajah tiri]
niño (m) de pecho	bayi	[baji]
bebé (m)	bayi	[baji]
chico (m)	bocah cilik	[boʧah ʧili']
mujer (f)	istri	[istri]
marido (m)	suami	[suami]
esposo (m)	suami	[suami]
esposa (f)	istri	[istri]
casado (adj)	menikah, beristri	[mənikah], [bəristri]
casada (adj)	menikah, bersuami	[mənikah], [bərsuami]
soltero (adj)	bujang	[budʒʲaŋ]
soltero (m)	bujang	[budʒʲaŋ]
divorciado (adj)	bercerai	[bərʧeraj]
viuda (f)	janda	[dʒʲanda]
viudo (m)	duda	[duda]
pariente (m)	kerabat	[kerabat]
pariente (m) cercano	kerabat dekat	[kerabat dekat]
pariente (m) lejano	kerabat jauh	[kerabat dʒʲauh]
parientes (pl)	kerabat, sanak saudara	[kerabat], [sana' saudara]
huérfano (m), huérfana (f)	yatim piatu	[yatim piatu]
tutor (m)	wali	[wali]
adoptar (un niño)	mengadopsi	[məŋadopsi]
adoptar (una niña)	mengadopsi	[məŋadopsi]

La medicina

47. Las enfermedades

enfermedad (f)	penyakit	[penjakit]
estar enfermo	sakit	[sakit]
salud (f)	kesehatan	[kesehatan]
resfriado (m) (coriza)	hidung meler	[hiduŋ meler]
angina (f)	radang tonsil	[radaŋ tonsil]
resfriado (m)	pilek, selesma	[pilek], [selesma]
resfriarse (vr)	masuk angin	[masu' aŋin]
bronquitis (f)	bronkitis	[bronkitis]
pulmonía (f)	radang paru-paru	[radaŋ paru-paru]
gripe (f)	flu	[flu]
miope (adj)	rabun jauh	[rabun dʒ'auh]
présbita (adj)	rabun dekat	[rabun dekat]
estrabismo (m)	mata juling	[mata dʒ'uliŋ]
estrábico (m) (adj)	bermata juling	[bərmata dʒ'uliŋ]
catarata (f)	katarak	[katara']
glaucoma (m)	glaukoma	[glaukoma]
insulto (m)	stroke	[stroke]
ataque (m) cardiaco	infark	[infar']
infarto (m) de miocardio	serangan jantung	[seraŋan dʒ'antuŋ]
parálisis (f)	kelumpuhan	[kelumpuhan]
paralizar (vt)	melumpuhkan	[melumpuhkan]
alergia (f)	alergi	[alergi]
asma (f)	asma	[asma]
diabetes (f)	diabetes	[diabetes]
dolor (m) de muelas	sakit gigi	[sakit gigi]
caries (f)	karies	[karies]
diarrea (f)	diare	[diare]
estreñimiento (m)	konstipasi, sembelit	[konstipasi], [sembelit]
molestia (f) estomacal	gangguan pencernaan	[gaŋuan pentʃarna'an]
envenenamiento (m)	keracunan makanan	[keratʃunan makanan]
envenenarse (vr)	keracunan makanan	[keratʃunan makanan]
artritis (f)	artritis	[artritis]
raquitismo (m)	rakitis	[rakitis]
reumatismo (m)	rematik	[remati']
ateroesclerosis (f)	aterosklerosis	[aterosklerosis]
gastritis (f)	radang perut	[radaŋ pərut]
apendicitis (f)	apendisitis	[apendisitis]

Español	Indonesio	Pronunciación
colecistitis (f)	radang pundi empedu	[radaŋ pundi empedu]
úlcera (f)	tukak lambung	[tuka' lambuŋ]
sarampión (m)	penyakit campak	[penjakit tʃampa']
rubeola (f)	penyakit campak Jerman	[penjakit tʃampa' dʒ'erman]
ictericia (f)	sakit kuning	[sakit kuniŋ]
hepatitis (f)	hepatitis	[hepatitis]
esquizofrenia (f)	skizofrenia	[skizofrenia]
rabia (f) (hidrofobia)	rabies	[rabies]
neurosis (f)	neurosis	[neurosis]
conmoción (f) cerebral	gegar otak	[gegar ota']
cáncer (m)	kanker	[kanker]
esclerosis (f)	sklerosis	[sklerosis]
esclerosis (m) múltiple	sklerosis multipel	[sklerosis multipel]
alcoholismo (m)	alkoholisme	[alkoholisme]
alcohólico (m)	alkoholik	[alkoholi']
sífilis (f)	sifilis	[sifilis]
SIDA (m)	AIDS	[ajds]
tumor (m)	tumor	[tumor]
maligno (adj)	ganas	[ganas]
benigno (adj)	jinak	[dʒina']
fiebre (f)	demam	[demam]
malaria (f)	malaria	[malaria]
gangrena (f)	gangren	[gaŋren]
mareo (m)	mabuk laut	[mabu' laut]
epilepsia (f)	epilepsi	[epilepsi]
epidemia (f)	epidemi	[epidemi]
tifus (m)	tifus	[tifus]
tuberculosis (f)	tuberkulosis	[tuberkulosis]
cólera (f)	kolera	[kolera]
peste (f)	penyakit pes	[penjakit pes]

48. Los síntomas. Los tratamientos. Unidad 1

Español	Indonesio	Pronunciación
síntoma (m)	gejala	[gedʒ'ala]
temperatura (f)	temperatur, suhu	[temperatur], [suhu]
fiebre (f)	temperatur tinggi	[temperatur tiŋgi]
pulso (m)	denyut nadi	[denyut nadi]
mareo (m) (vértigo)	rasa pening	[rasa peniŋ]
caliente (adj)	panas	[panas]
escalofrío (m)	menggigil	[meŋgigil]
pálido (adj)	pucat	[putʃat]
tos (f)	batuk	[batu']
toser (vi)	batuk	[batu']
estornudar (vi)	bersin	[bersin]
desmayo (m)	pingsan	[piŋsan]

47

desmayarse (vr)	jatuh pingsan	[dʒ‍atuh piŋsan]
moradura (f)	luka memar	[luka memar]
chichón (m)	bengkak	[beŋkaʔ]
golpearse (vr)	terantuk	[tərantuʔ]
magulladura (f)	luka memar	[luka memar]
magullarse (vr)	kena luka memar	[kena luka memar]
cojear (vi)	pincang	[pintʃaŋ]
dislocación (f)	keseleo	[keseleo]
dislocar (vt)	keseleo	[keseleo]
fractura (f)	fraktura, patah tulang	[fraktura], [patah tulaŋ]
tener una fractura	patah tulang	[patah tulaŋ]
corte (m) (tajo)	teriris	[təriris]
cortarse (vr)	teriris	[təriris]
hemorragia (f)	perdarahan	[pərdarahan]
quemadura (f)	luka bakar	[luka bakar]
quemarse (vr)	menderita luka bakar	[mənderita luka bakar]
pincharse (~ el dedo)	menusuk	[mənusuʔ]
pincharse (vr)	tertusuk	[tərtusuʔ]
herir (vt)	melukai	[melukaj]
herida (f)	cedera	[tʃedera]
lesión (f) (herida)	luka	[luka]
trauma (m)	trauma	[trauma]
delirar (vi)	mengigau	[məŋigau]
tartamudear (vi)	gagap	[gagap]
insolación (f)	sengatan matahari	[seŋatan matahari]

49. Los síntomas. Los tratamientos. Unidad 2

dolor (m)	sakit	[sakit]
astilla (f)	selumbar	[selumbar]
sudor (m)	keringat	[keriŋat]
sudar (vi)	berkeringat	[bərkeriŋat]
vómito (m)	muntah	[muntah]
convulsiones (f pl)	kram	[kram]
embarazada (adj)	hamil	[hamil]
nacer (vi)	lahir	[lahir]
parto (m)	persalinan	[pərsalinan]
dar a luz	melahirkan	[melahirkan]
aborto (m)	aborsi	[aborsi]
respiración (f)	pernapasan	[pərnapasan]
inspiración (f)	tarikan napas	[tarikan napas]
espiración (f)	napas keluar	[napas keluar]
espirar (vi)	mengembuskan napas	[məŋembuskan napas]
inspirar (vi)	menarik napas	[mənariʔ napas]
inválido (m)	penderita cacat	[penderita tʃatʃat]
mutilado (m)	penderita cacat	[penderita tʃatʃat]

drogadicto (m)	pecandu narkoba	[petʃandu narkoba]
sordo (adj)	tunarungu	[tunaruŋu]
mudo (adj)	tunawicara	[tunawitʃara]
sordomudo (adj)	tunarungu-wicara	[tunaruŋu-witʃara]
loco (adj)	gila	[gila]
loco (m)	lelaki gila	[lelaki gila]
loca (f)	perempuan gila	[perempuan gila]
volverse loco	menggila	[məŋgila]
gen (m)	gen	[gen]
inmunidad (f)	imunitas	[imunitas]
hereditario (adj)	turun-temurun	[turun-temurun]
de nacimiento (adj)	bawaan	[bawaʔan]
virus (m)	virus	[virus]
microbio (m)	mikroba	[mikroba]
bacteria (f)	bakteri	[bakteri]
infección (f)	infeksi	[infeksi]

50. Los síntomas. Los tratamientos. Unidad 3

hospital (m)	rumah sakit	[rumah sakit]
paciente (m)	pasien	[pasien]
diagnosis (f)	diagnosis	[diagnosis]
cura (f)	perawatan	[perawatan]
tratamiento (m)	pengobatan medis	[peŋobatan medis]
curarse (vr)	berobat	[berobat]
tratar (vt)	merawat	[merawat]
cuidar (a un enfermo)	merawat	[merawat]
cuidados (m pl)	pengasuhan	[peŋasuhan]
operación (f)	operasi, pembedahan	[operasi], [pembedahan]
vendar (vt)	membalut	[membalut]
vendaje (m)	pembalutan	[pembalutan]
vacunación (f)	vaksinasi	[vaksinasi]
vacunar (vt)	memvaksinasi	[memvaksinasi]
inyección (f)	suntikan	[suntikan]
aplicar una inyección	menyuntik	[menyuntiʔ]
ataque (m)	serangan	[seraŋan]
amputación (f)	amputasi	[amputasi]
amputar (vt)	mengamputasi	[meŋamputasi]
coma (m)	koma	[koma]
estar en coma	dalam keadaan koma	[dalam keadaʔan koma]
revitalización (f)	perawatan intensif	[perawatan intensif]
recuperarse (vr)	sembuh	[sembuh]
estado (m) (de salud)	keadaan	[keadaʔan]
consciencia (f)	kesadaran	[kesadaran]
memoria (f)	memori, daya ingat	[memori], [daja iŋat]
extraer (un diente)	mencabut	[mentʃabut]

| empaste (m) | tambalan | [tambalan] |
| empastar (vt) | menambal | [mənambal] |

| hipnosis (f) | hipnosis | [hipnosis] |
| hipnotizar (vt) | menghipnosis | [məŋhipnosis] |

51. Los médicos

médico (m)	dokter	[dokter]
enfermera (f)	suster, juru rawat	[suster], [dʒʲuru rawat]
médico (m) personal	dokter pribadi	[dokter pribadi]

dentista (m)	dokter gigi	[dokter gigi]
oftalmólogo (m)	dokter mata	[dokter mata]
internista (m)	ahli penyakit dalam	[ahli penjakit dalam]
cirujano (m)	dokter bedah	[dokter bedah]

psiquiatra (m)	psikiater	[psikiater]
pediatra (m)	dokter anak	[dokter anaʔ]
psicólogo (m)	psikolog	[psikolog]
ginecólogo (m)	ginekolog	[ginekolog]
cardiólogo (m)	kardiolog	[kardiolog]

52. La medicina. Las drogas. Los accesorios

medicamento (m), droga (f)	obat	[obat]
remedio (m)	obat	[obat]
prescribir (vt)	meresepkan	[meresepkan]
receta (f)	resep	[resep]

tableta (f)	pil, tablet	[pil], [tablet]
ungüento (m)	salep	[salep]
ampolla (f)	ampul	[ampul]
mixtura (f), mezcla (f)	obat cair	[obat tʃajr]
sirope (m)	sirop	[sirop]
píldora (f)	pil	[pil]
polvo (m)	bubuk	[bubuʔ]

venda (f)	perban	[perban]
algodón (m) (discos de ~)	kapas	[kapas]
yodo (m)	iodium	[iodium]

tirita (f), curita (f)	plester obat	[plester obat]
pipeta (f)	tetes mata	[tetes mata]
termómetro (m)	termometer	[tərmometər]
jeringa (f)	alat suntik	[alat suntiʔ]

| silla (f) de ruedas | kursi roda | [kursi roda] |
| muletas (f pl) | kruk | [kruʔ] |

| anestésico (m) | obat bius | [obat bius] |
| purgante (m) | laksatif, obat pencuci perut | [laksatif], [obat pentʃutʃi pərut] |

alcohol (m)	spiritus, alkohol	[spiritus], [alkohol]
hierba (f) medicinal	tanaman obat	[tanaman obat]
de hierbas (té ~)	herbal	[herbal]

EL AMBIENTE HUMANO

La ciudad

53. La ciudad. La vida en la ciudad

ciudad (f)	kota	[kota]
capital (f)	ibu kota	[ibu kota]
aldea (f)	desa	[desa]
plano (m) de la ciudad	peta kota	[peta kota]
centro (m) de la ciudad	pusat kota	[pusat kota]
suburbio (m)	pinggir kota	[piŋgir kota]
suburbano (adj)	pinggir kota	[piŋgir kota]
arrabal (m)	pinggir	[piŋgir]
afueras (f pl)	daerah sekitarnya	[daerah sekitarnja]
barrio (m)	blok	[bloʔ]
zona (f) de viviendas	blok perumahan	[bloʔ pərumahan]
tráfico (m)	lalu lintas	[lalu lintas]
semáforo (m)	lampu lalu lintas	[lampu lalu lintas]
transporte (m) urbano	angkot	[aŋkot]
cruce (m)	persimpangan	[pərsimpaŋan]
paso (m) de peatones	penyeberangan	[penjeberaŋan]
paso (m) subterráneo	terowongan penyeberangan	[tərowoŋan penjeberaŋan]
cruzar (vt)	menyeberang	[mənjeberaŋ]
peatón (m)	pejalan kaki	[pedʒˈalan kaki]
acera (f)	trotoar	[trotoar]
puente (m)	jembatan	[dʒˈembatan]
muelle (m)	tepi sungai	[tepi suŋaj]
fuente (f)	air mancur	[air mantʃur]
alameda (f)	jalan kecil	[dʒˈalan ketʃil]
parque (m)	taman	[taman]
bulevar (m)	bulevar, adimarga	[bulevar], [adimarga]
plaza (f)	lapangan	[lapaŋan]
avenida (f)	jalan raya	[dʒˈalan raja]
calle (f)	jalan	[dʒˈalan]
callejón (m)	gang	[gaŋ]
callejón (m) sin salida	jalan buntu	[dʒˈalan buntu]
casa (f)	rumah	[rumah]
edificio (m)	gedung	[geduŋ]
rascacielos (m)	pencakar langit	[pentʃakar laŋit]
fachada (f)	bagian depan	[bagian depan]

techo (m)	atap	[atap]
ventana (f)	jendela	[dʒˈendela]
arco (m)	lengkungan	[leŋkuŋan]
columna (f)	pilar	[pilar]
esquina (f)	sudut	[sudut]
escaparate (f)	etalase	[etalase]
letrero (m) (~ luminoso)	papan nama	[papan nama]
cartel (m)	poster	[poster]
cartel (m) publicitario	poster iklan	[poster iklan]
valla (f) publicitaria	papan iklan	[papan iklan]
basura (f)	sampah	[sampah]
cajón (m) de basura	tong sampah	[toŋ sampah]
tirar basura	menyampah	[mənjampah]
basurero (m)	tempat pemrosesan akhir (TPA)	[tempat pemrosesan ahir]
cabina (f) telefónica	gardu telepon umum	[gardu telepon umum]
farola (f)	tiang lampu	[tiaŋ lampu]
banco (m) (del parque)	bangku	[baŋku]
policía (m)	polisi	[polisi]
policía (f) (~ nacional)	polisi, kepolisian	[polisi], [kepolisian]
mendigo (m)	pengemis	[peŋemis]
persona (f) sin hogar	tuna wisma	[tuna wisma]

54. Las instituciones urbanas

tienda (f)	toko	[toko]
farmacia (f)	apotek, toko obat	[apotek], [toko obat]
óptica (f)	optik	[optiʔ]
centro (m) comercial	toserba	[toserba]
supermercado (m)	pasar swalayan	[pasar swalajan]
panadería (f)	toko roti	[toko roti]
panadero (m)	pembuat roti	[pembuat roti]
pastelería (f)	toko kue	[toko kue]
tienda (f) de comestibles	toko pangan	[toko paŋan]
carnicería (f)	toko daging	[toko dagiŋ]
verdulería (f)	toko sayur	[toko sajur]
mercado (m)	pasar	[pasar]
cafetería (f)	warung kopi	[waruŋ kopi]
restaurante (m)	restoran	[restoran]
cervecería (f)	kedai bir	[kedaj bir]
pizzería (f)	kedai piza	[kedaj piza]
peluquería (f)	salon rambut	[salon rambut]
oficina (f) de correos	kantor pos	[kantor pos]
tintorería (f)	penatu kimia	[penatu kimia]
estudio (m) fotográfico	studio foto	[studio foto]
zapatería (f)	toko sepatu	[toko sepatu]

librería (f)	toko buku	[toko buku]
tienda (f) deportiva	toko alat olahraga	[toko alat olahraga]
arreglos (m pl) de ropa	reparasi pakaian	[reparasi pakajan]
alquiler (m) de ropa	rental pakaian	[rental pakajan]
videoclub (m)	rental film	[rental film]
circo (m)	sirkus	[sirkus]
zoológico (m)	kebun binatang	[kebun binataŋ]
cine (m)	bioskop	[bioskop]
museo (m)	museum	[museum]
biblioteca (f)	perpustakaan	[pərpustaka'an]
teatro (m)	teater	[teater]
ópera (f)	opera	[opera]
club (m) nocturno	klub malam	[klub malam]
casino (m)	kasino	[kasino]
mezquita (f)	masjid	[masdʒid]
sinagoga (f)	sinagoga, kanisah	[sinagoga], [kanisah]
catedral (f)	katedral	[katedral]
templo (m)	kuil, candi	[kuil], [tʃandi]
iglesia (f)	gereja	[geredʒ'a]
instituto (m)	institut, perguruan tinggi	[institut], [pərguruan tiŋgi]
universidad (f)	universitas	[universitas]
escuela (f)	sekolah	[sekolah]
prefectura (f)	prefektur, distrik	[prefektur], [distri']
alcaldía (f)	balai kota	[balaj kota]
hotel (m)	hotel	[hotel]
banco (m)	bank	[ban']
embajada (f)	kedutaan besar	[keduta'an besar]
agencia (f) de viajes	kantor pariwisata	[kantor pariwisata]
oficina (f) de información	kantor penerangan	[kantor peneraŋan]
oficina (f) de cambio	kantor penukaran uang	[kantor penukaran uaŋ]
metro (m)	kereta api bawah tanah	[kereta api bawah tanah]
hospital (m)	rumah sakit	[rumah sakit]
gasolinera (f)	SPBU, stasiun bensin	[es-pe-be-u], [stasjun bensin]
aparcamiento (m)	tempat parkir	[tempat parkir]

55. Los avisos

letrero (m) (~ luminoso)	papan nama	[papan nama]
cartel (m) (texto escrito)	tulisan	[tulisan]
pancarta (f)	poster	[poster]
señal (m) de dirección	penunjuk arah	[penundʒ'u' arah]
flecha (f) (signo)	anak panah	[ana' panah]
advertencia (f)	peringatan	[pəriŋatan]
aviso (m)	tanda peringatan	[tanda pəriŋatan]

advertir (vt)	memperingatkan	[memperiŋatkan]
día (m) de descanso	hari libur	[hari libur]
horario (m)	jadwal	[dʒˈadwal]
horario (m) de apertura	jam buka	[dʒˈam buka]
¡BIENVENIDOS!	SELAMAT DATANG!	[selamat dataŋ!]
ENTRADA	MASUK	[masuʔ]
SALIDA	KELUAR	[keluar]
EMPUJAR	DORONG	[doroŋ]
TIRAR	TARIK	[tariʔ]
ABIERTO	BUKA	[buka]
CERRADO	TUTUP	[tutup]
MUJERES	WANITA	[wanita]
HOMBRES	PRIA	[pria]
REBAJAS	DISKON	[diskon]
SALDOS	OBRAL	[obral]
NOVEDAD	BARU!	[baru!]
GRATIS	GRATIS	[gratis]
¡ATENCIÓN!	PERHATIAN!	[pərhatian!]
COMPLETO	PENUH	[penuh]
RESERVADO	DIRESERVASI	[direservasi]
ADMINISTRACIÓN	ADMINISTRASI	[administrasi]
SÓLO PERSONAL AUTORIZADO	KHUSUS STAF	[husus staf]
CUIDADO CON EL PERRO	AWAS, ANJING GALAK!	[awas], [andʒiŋ galaʔ!]
PROHIBIDO FUMAR	DILARANG MEROKOK!	[dilaraŋ merokoʔ!]
NO TOCAR	JANGAN SENTUH!	[dʒˈaŋan sentuh!]
PELIGROSO	BERBAHAYA	[bərbahaja]
PELIGRO	BAHAYA	[bahaja]
ALTA TENSIÓN	TEGANGAN TINGGI	[tegaŋan tiŋgi]
PROHIBIDO BAÑARSE	DILARANG BERENANG!	[dilaraŋ bərenaŋ!]
NO FUNCIONA	RUSAK	[rusaʔ]
INFLAMABLE	BAHAN MUDAH TERBAKAR	[bahan mudah tərbakar]
PROHIBIDO	DILARANG	[dilaraŋ]
PROHIBIDO EL PASO	DILARANG MASUK!	[dilaraŋ masuʔ!]
RECIÉN PINTADO	AWAS CAT BASAH	[awas tʃat basah]

56. El transporte urbano

autobús (m)	bus	[bus]
tranvía (m)	trem	[trem]
trolebús (m)	bus listrik	[bus listriʔ]
itinerario (m)	trayek	[traeʔ]
número (m)	nomor	[nomor]
ir en …	naik …	[naiʔ …]

tomar (~ el autobús)	naik	[naiʔ]
bajar (~ del tren)	turun ...	[turun ...]
parada (f)	halte, pemberhentian	[halte], [pemberhentian]
próxima parada (f)	halte berikutnya	[halte bərikutnja]
parada (f) final	halte terakhir	[halte tərahir]
horario (m)	jadwal	[dʒʲadwal]
esperar (aguardar)	menunggu	[mənuŋgu]
billete (m)	tiket	[tiket]
precio (m) del billete	harga karcis	[harga kartʃis]
cajero (m)	kasir	[kasir]
control (m) de billetes	pemeriksaan tiket	[pemeriksaʔan tiket]
revisor (m)	kondektur	[kondektur]
llegar tarde (vi)	terlambat ...	[tərlambat ...]
perder (~ el tren)	ketinggalan	[ketiŋgalan]
tener prisa	tergesa-gesa	[tərgesa-gesa]
taxi (m)	taksi	[taksi]
taxista (m)	sopir taksi	[sopir taksi]
en taxi	naik taksi	[naiʔ taksi]
parada (f) de taxi	pangkalan taksi	[paŋkalan taksi]
llamar un taxi	memanggil taksi	[memaŋgil taksi]
tomar un taxi	menaiki taksi	[mənajki taksi]
tráfico (m)	lalu lintas	[lalu lintas]
atasco (m)	kemacetan lalu lintas	[kematʃetan lalu lintas]
horas (f pl) de punta	jam sibuk	[dʒʲam sibuʔ]
aparcar (vi)	parkir	[parkir]
aparcar (vt)	memarkir	[memarkir]
aparcamiento (m)	tempat parkir	[tempat parkir]
metro (m)	kereta api bawah tanah	[kereta api bawah tanah]
estación (f)	stasiun	[stasiun]
ir en el metro	naik kereta api bawah tanah	[naiʔ kereta api bawah tanah]
tren (m)	kereta api	[kereta api]
estación (f)	stasiun kereta api	[stasiun kereta api]

57. El turismo. La excursión

monumento (m)	monumen, patung	[monumen], [patuŋ]
fortaleza (f)	benteng	[benteŋ]
palacio (m)	istana	[istana]
castillo (m)	kastil	[kastil]
torre (f)	menara	[mənara]
mausoleo (m)	mausoleum	[mausoleum]
arquitectura (f)	arsitektur	[arsitektur]
medieval (adj)	abad pertengahan	[abad pərteŋahan]
antiguo (adj)	kuno	[kuno]
nacional (adj)	nasional	[nasional]

conocido (adj)	terkenal	[tərkenal]
turista (m)	turis, wisatawan	[turis], [wisatawan]
guía (m) (persona)	pemandu wisata	[pemandu wisata]
excursión (f)	ekskursi	[ekskursi]
mostrar (vt)	menunjukkan	[mənundʒiuʔkan]
contar (una historia)	menceritakan	[məntʃeritakan]
encontrar (hallar)	mendapatkan	[məndapatkan]
perderse (vr)	tersesat	[tərsesat]
plano (m) (~ de metro)	denah	[denah]
mapa (m) (~ de la ciudad)	peta	[peta]
recuerdo (m)	suvenir	[suvenir]
tienda (f) de regalos	toko suvenir	[toko suvenir]
hacer fotos	memotret	[memotret]
fotografiarse (vr)	berfoto	[bərfoto]

58. Las compras

comprar (vt)	membeli	[membeli]
compra (f)	belanjaan	[belandʒiaʔan]
hacer compras	berbelanja	[bərbelandʒia]
compras (f pl)	berbelanja	[bərbelandʒia]
estar abierto (tienda)	buka	[buka]
estar cerrado	tutup	[tutup]
calzado (m)	sepatu	[sepatu]
ropa (f)	pakaian	[pakajan]
cosméticos (m pl)	kosmetik	[kosmetiʔ]
productos alimenticios	produk makanan	[produʔ makanan]
regalo (m)	hadiah	[hadiah]
vendedor (m)	pramuniaga	[pramuniaga]
vendedora (f)	pramuniaga perempuan	[pramuniaga pərempuan]
caja (f)	kas	[kas]
espejo (m)	cermin	[tʃermin]
mostrador (m)	konter	[konter]
probador (m)	kamar pas	[kamar pas]
probar (un vestido)	mengepas	[məŋepas]
quedar (una ropa, etc.)	pas, cocok	[pas], [tʃotʃoʔ]
gustar (vi)	suka	[suka]
precio (m)	harga	[harga]
etiqueta (f) de precio	label harga	[label harga]
costar (vt)	berharga	[bərharga]
¿Cuánto?	Berapa?	[bərapa?]
descuento (m)	diskon	[diskon]
no costoso (adj)	tidak mahal	[tidaʔ mahal]
barato (adj)	murah	[murah]
caro (adj)	mahal	[mahal]

Es caro	Ini mahal	[ini mahal]
alquiler (m)	rental, persewaan	[rental], [pərsewa'an]
alquilar (vt)	menyewa	[mənjewa]
crédito (m)	kredit	[kredit]
a crédito (adv)	secara kredit	[setʃara kredit]

59. El dinero

dinero (m)	uang	[uaŋ]
cambio (m)	pertukaran mata uang	[pərtukaran mata uaŋ]
curso (m)	nilai tukar	[nilaj tukar]
cajero (m) automático	Anjungan Tunai Mandiri, ATM	[andʒ'uŋan tunaj mandiri], [a-te-em]
moneda (f)	koin	[koin]

| dólar (m) | dolar | [dolar] |
| euro (m) | euro | [euro] |

lira (f)	lira	[lira]
marco (m) alemán	Mark Jerman	[mar' dʒ'erman]
franco (m)	franc	[frantʃ]
libra esterlina (f)	poundsterling	[paundsterliŋ]
yen (m)	yen	[yen]

deuda (f)	utang	[utaŋ]
deudor (m)	pengutang	[peŋutaŋ]
prestar (vt)	meminjamkan	[memindʒ'amkan]
tomar prestado	meminjam	[memindʒ'am]

banco (m)	bank	[ban']
cuenta (f)	rekening	[rekeniŋ]
ingresar (~ en la cuenta)	memasukkan	[memasu'kan]
ingresar en la cuenta	memasukkan ke rekening	[memasu'kan ke rekeniŋ]
sacar de la cuenta	menarik uang	[mənari' uaŋ]

tarjeta (f) de crédito	kartu kredit	[kartu kredit]
dinero (m) en efectivo	uang kontan, uang tunai	[uaŋ kontan], [uaŋ tunaj]
cheque (m)	cek	[tʃe']
sacar un cheque	menulis cek	[mənulis tʃe']
talonario (m)	buku cek	[buku tʃe']

cartera (f)	dompet	[dompet]
monedero (m)	dompet, pundi-pundi	[dompet], [pundi-pundi]
caja (f) fuerte	brankas	[brankas]

heredero (m)	pewaris	[pewaris]
herencia (f)	warisan	[warisan]
fortuna (f)	kekayaan	[kekaja'an]

arriendo (m)	sewa	[sewa]
alquiler (m) (dinero)	uang sewa	[uaŋ sewa]
alquilar (~ una casa)	menyewa	[mənjewa]
precio (m)	harga	[harga]
coste (m)	harga	[harga]

suma (f)	jumlah	[dʒʲumlah]
gastar (vt)	menghabiskan	[məŋhabiskan]
gastos (m pl)	ongkos	[oŋkos]
economizar (vi, vt)	menghemat	[məŋhemat]
económico (adj)	hemat	[hemat]

pagar (vi, vt)	membayar	[membajar]
pago (m)	pembayaran	[pembajaran]
cambio (m) (devolver el ~)	kembalian	[kembalian]

impuesto (m)	pajak	[padʒʲaʔ]
multa (f)	denda	[denda]
multar (vt)	mendenda	[məndenda]

60. La oficina de correos

oficina (f) de correos	kantor pos	[kantor pos]
correo (m) (cartas, etc.)	surat	[surat]
cartero (m)	tukang pos	[tukaŋ pos]
horario (m) de apertura	jam buka	[dʒʲam buka]

carta (f)	surat	[surat]
carta (f) certificada	surat tercatat	[surat tərtʃatat]
tarjeta (f) postal	kartu pos	[kartu pos]
telegrama (m)	telegram	[telegram]
paquete (m) postal	parsel, paket pos	[parsel], [paket pos]
giro (m) postal	wesel pos	[wesel pos]

recibir (vt)	menerima	[mənerima]
enviar (vt)	mengirim	[məŋirim]
envío (m)	pengiriman	[peŋiriman]

dirección (f)	alamat	[alamat]
código (m) postal	kode pos	[kode pos]
expedidor (m)	pengirim	[peŋirim]
destinatario (m)	penerima	[penerima]

nombre (m)	nama	[nama]
apellido (m)	nama keluarga	[nama keluarga]

tarifa (f)	tarif	[tarif]
ordinario (adj)	biasa, standar	[biasa], [standar]
económico (adj)	ekonomis	[ekonomis]

peso (m)	berat	[berat]
pesar (~ una carta)	menimbang	[mənimbaŋ]
sobre (m)	amplop	[amplop]
sello (m)	prangko	[praŋko]
poner un sello	menempelkan prangko	[mənempelkan praŋko]

La vivienda. La casa. El hogar

61. La casa. La electricidad

electricidad (f)	listrik	[listri ʔ]
bombilla (f)	bohlam	[bohlam]
interruptor (m)	sakelar	[sakelar]
fusible (m)	sekring	[sekriŋ]
cable, hilo (m)	kabel, kawat	[kabel], [kawat]
instalación (f) eléctrica	rangkaian kabel	[raŋkajan kabel]
contador (m) de luz	meteran listrik	[meteran listri ʔ]
lectura (f) (~ del contador)	pencatatan	[pentʃatatan]

62. La villa. La mansión

casa (f) de campo	rumah luar kota	[rumah luar kota]
villa (f)	vila	[vila]
ala (f)	sayap	[sajap]
jardín (m)	kebun	[kebun]
parque (m)	taman	[taman]
invernadero (m) tropical	rumah kaca	[rumah katʃa]
cuidar (~ el jardín, etc.)	memelihara	[memelihara]
piscina (f)	kolam renang	[kolam renaŋ]
gimnasio (m)	gym	[dʒim]
cancha (f) de tenis	lapangan tenis	[lapaŋan tenis]
sala (f) de cine	bioskop rumah	[bioskop rumah]
garaje (m)	garasi	[garasi]
propiedad (f) privada	milik pribadi	[miliʔ pribadi]
terreno (m) privado	tanah pribadi	[tanah pribadi]
advertencia (f)	peringatan	[pəriŋatan]
letrero (m) de aviso	tanda peringatan	[tanda pəriŋatan]
seguridad (f)	keamanan	[keamanan]
guardia (m) de seguridad	satpam, pengawal	[satpam], [peŋawal]
alarma (f) antirrobo	alarm antirampok	[alarm antirampoʔ]

63. El apartamento

apartamento (m)	apartemen	[apartemen]
habitación (f)	kamar	[kamar]
dormitorio (m)	kamar tidur	[kamar tidur]

comedor (m)	ruang makan	[ruaŋ makan]
salón (m)	ruang tamu	[ruaŋ tamu]
despacho (m)	ruang kerja	[ruaŋ kerdʒʲa]
antecámara (f)	ruang depan	[ruaŋ depan]
cuarto (m) de baño	kamar mandi	[kamar mandi]
servicio (m)	kamar kecil	[kamar ketʃil]
techo (m)	plafon, langit-langit	[plafon], [laŋit-laŋit]
suelo (m)	lantai	[lantaj]
rincón (m)	sudut	[sudut]

64. Los muebles. El interior

muebles (m pl)	mebel	[mebel]
mesa (f)	meja	[medʒʲa]
silla (f)	kursi	[kursi]
cama (f)	ranjang	[randʒʲaŋ]
sofá (m)	dipan	[dipan]
sillón (m)	kursi malas	[kursi malas]
librería (f)	lemari buku	[lemari buku]
estante (m)	rak	[raʔ]
armario (m)	lemari pakaian	[lemari pakajan]
percha (f)	kapstok	[kapstoʔ]
perchero (m) de pie	kapstok berdiri	[kapstoʔ bərdiri]
cómoda (f)	lemari laci	[lemari latʃi]
mesa (f) de café	meja kopi	[medʒʲa kopi]
espejo (m)	cermin	[tʃermin]
tapiz (m)	permadani	[pərmadani]
alfombra (f)	karpet kecil	[karpet ketʃil]
chimenea (f)	perapian	[pərapian]
vela (f)	lilin	[lilin]
candelero (m)	kaki lilin	[kaki lilin]
cortinas (f pl)	gorden	[gorden]
empapelado (m)	kertas dinding	[kertas dindiŋ]
estor (m) de láminas	kerai	[keraj]
lámpara (f) de mesa	lampu meja	[lampu medʒʲa]
aplique (m)	lampu dinding	[lampu dindiŋ]
lámpara (f) de pie	lampu lantai	[lampu lantaj]
lámpara (f) de araña	lampu bercabang	[lampu bərtʃabaŋ]
pata (f) (~ de la mesa)	kaki	[kaki]
brazo (m)	lengan	[leŋan]
espaldar (m)	sandaran	[sandaran]
cajón (m)	laci	[latʃi]

65. Los accesorios de cama

ropa (f) de cama	kain kasur	[kain kasur]
almohada (f)	bantal	[bantal]
funda (f)	sarung bantal	[saruŋ bantal]
manta (f)	selimut	[selimut]
sábana (f)	seprai	[sepraj]
sobrecama (f)	selubung kasur	[selubuŋ kasur]

66. La cocina

cocina (f)	dapur	[dapur]
gas (m)	gas	[gas]
cocina (f) de gas	kompor gas	[kompor gas]
cocina (f) eléctrica	kompor listrik	[kompor listri²]
horno (m)	oven	[oven]
horno (m) microondas	microwave	[majkrowav]
frigorífico (m)	lemari es, kulkas	[lemari es], [kulkas]
congelador (m)	lemari pembeku	[lemari pembeku]
lavavajillas (m)	mesin pencuci piring	[mesin pentʃutʃi piriŋ]
picadora (f) de carne	alat pelumat daging	[alat pelumat datiŋ]
exprimidor (m)	mesin sari buah	[mesin sari buah]
tostador (m)	alat pemanggang roti	[alat pemaŋgaŋ roti]
batidora (f)	pencampur	[pentʃampur]
cafetera (f) (aparato de cocina)	mesin pembuat kopi	[mesin pembuat kopi]
cafetera (f) (para servir)	teko kopi	[teko kopi]
molinillo (m) de café	mesin penggiling kopi	[mesin peŋgiliŋ kopi]
hervidor (m) de agua	cerek	[tʃere²]
tetera (f)	teko	[teko]
tapa (f)	tutup	[tutup]
colador (m) de té	saringan teh	[sariŋan teh]
cuchara (f)	sendok	[sendo²]
cucharilla (f)	sendok teh	[sendo² teh]
cuchara (f) de sopa	sendok makan	[sendo² makan]
tenedor (m)	garpu	[garpu]
cuchillo (m)	pisau	[pisau]
vajilla (f)	piring mangkuk	[piriŋ maŋku²]
plato (m)	piring	[piriŋ]
platillo (m)	alas cangkir	[alas tʃaŋkir]
vaso (m) de chupito	seloki	[seloki]
vaso (m) (~ de agua)	gelas	[gelas]
taza (f)	cangkir	[tʃaŋkir]
azucarera (f)	wadah gula	[wadah gula]
salero (m)	wadah garam	[wadah garam]

pimentero (m)	wadah merica	[wadah meritʃa]
mantequera (f)	wadah mentega	[wadah mentega]
cacerola (f)	panci	[pantʃi]
sartén (f)	kuali	[kuali]
cucharón (m)	sudu	[sudu]
colador (m)	saringan	[sariŋan]
bandeja (f)	talam	[talam]
botella (f)	botol	[botol]
tarro (m) de vidrio	gelas	[gelas]
lata (f)	kaleng	[kaleŋ]
abrebotellas (m)	pembuka botol	[pembuka botol]
abrelatas (m)	pembuka kaleng	[pembuka kaleŋ]
sacacorchos (m)	kotrek	[kotreʔ]
filtro (m)	saringan	[sariŋan]
filtrar (vt)	saringan	[sariŋan]
basura (f)	sampah	[sampah]
cubo (m) de basura	tong sampah	[toŋ sampah]

67. El baño

cuarto (m) de baño	kamar mandi	[kamar mandi]
agua (f)	air	[air]
grifo (m)	keran	[keran]
agua (f) caliente	air panas	[air panas]
agua (f) fría	air dingin	[air diŋin]
pasta (f) de dientes	pasta gigi	[pasta gigi]
limpiarse los dientes	menggosok gigi	[məŋgosoʔ gigi]
cepillo (m) de dientes	sikat gigi	[sikat gigi]
afeitarse (vr)	bercukur	[bərtʃukur]
espuma (f) de afeitar	busa cukur	[busa tʃukur]
maquinilla (f) de afeitar	pisau cukur	[pisau tʃukur]
lavar (vt)	mencuci	[məntʃutʃi]
darse un baño	mandi	[mandi]
ducha (f)	pancuran	[pantʃuran]
darse una ducha	mandi pancuran	[mandi pantʃuran]
bañera (f)	bak mandi	[baʔ mandi]
inodoro (m)	kloset	[kloset]
lavabo (m)	wastafel	[wastafel]
jabón (m)	sabun	[sabun]
jabonera (f)	wadah sabun	[wadah sabun]
esponja (f)	spons	[spons]
champú (m)	sampo	[sampo]
toalla (f)	handuk	[handuʔ]
bata (f) de baño	jubah mandi	[dʒubah mandi]

colada (f), lavado (m) | pencucian | [pentʃutʃian]
lavadora (f) | mesin cuci | [mesin tʃutʃi]
lavar la ropa | mencuci | [məntʃutʃi]
detergente (m) en polvo | deterjen cuci | [deterdʒien tʃutʃi]

68. Los aparatos domésticos

televisor (m) | pesawat TV | [pesawat ti-vi]
magnetófono (m) | alat perekam | [alat pərekam]
vídeo (m) | video, VCR | [vidio], [vi-si-er]
radio (m) | radio | [radio]
reproductor (m) (~ MP3) | pemutar | [pemutar]

proyector (m) de vídeo | proyektor video | [proektor video]
sistema (m) home cinema | bioskop rumah | [bioskop rumah]
reproductor (m) de DVD | pemutar DVD | [pemutar di-vi-di]
amplificador (m) | penguat | [peŋuat]
videoconsola (f) | konsol permainan video | [konsol pərmajnan video]

cámara (f) de vídeo | kamera video | [kamera video]
cámara (f) fotográfica | kamera | [kamera]
cámara (f) digital | kamera digital | [kamera digital]

aspirador (m), aspiradora (f) | pengisap debu | [peɲisap debu]
plancha (f) | setrika | [setrika]
tabla (f) de planchar | papan setrika | [papan setrika]

teléfono (m) | telepon | [telepon]
teléfono (m) móvil | ponsel | [ponsel]
máquina (f) de escribir | mesin ketik | [mesin ketiʔ]
máquina (f) de coser | mesin jahit | [mesin dʒiahit]

micrófono (m) | mikrofon | [mikrofon]
auriculares (m pl) | headphone, fonkepala | [headphone], [fonkepala]
mando (m) a distancia | panel kendali | [panel kendali]

CD (m) | cakram kompak | [tʃakram kompaʔ]
casete (m) | kaset | [kaset]
disco (m) de vinilo | piringan hitam | [piriŋan hitam]

LAS ACTIVIDADES DE LA GENTE

El trabajo. Los negocios. Unidad 1

69. La oficina. El trabajo de oficina

oficina (f)	kantor	[kantor]
despacho (m)	ruang kerja	[ruaŋ kerdʒʲa]
recepción (f)	resepsionis kantor	[resepsionis kantor]
secretario (m)	sekretaris	[sekretaris]
secretaria (f)	sekretaris	[sekretaris]
director (m)	direktur	[direktur]
manager (m)	manajer	[manadʒʲer]
contable (m)	akuntan	[akuntan]
colaborador (m)	karyawan	[karjawan]
muebles (m pl)	mebel	[mebel]
escritorio (m)	meja	[medʒʲa]
silla (f)	kursi malas	[kursi malas]
cajonera (f)	meja samping ranjang	[medʒʲa sampiŋ randʒʲaŋ]
perchero (m) de pie	kapstok berdiri	[kapsto' berdiri]
ordenador (m)	komputer	[komputer]
impresora (f)	printer, pencetak	[printer], [pentʃeta']
fax (m)	mesin faks	[mesin faks]
fotocopiadora (f)	mesin fotokopi	[mesin fotokopi]
papel (m)	kertas	[kertas]
papelería (f)	alat tulis kantor	[alat tulis kantor]
alfombrilla (f) para ratón	bantal tetikus	[bantal tetikus]
hoja (f) de papel	lembar	[lembar]
carpeta (f)	map	[map]
catálogo (m)	katalog	[katalog]
directorio (m) telefónico	buku telepon	[buku telepon]
documentación (f)	dokumentasi	[dokumentasi]
folleto (m)	brosur	[brosur]
prospecto (m)	selebaran	[selebaran]
muestra (f)	sampel, contoh	[sampel], [tʃontoh]
reunión (f) de formación	latihan	[latihan]
reunión (f)	rapat	[rapat]
pausa (f) del almuerzo	waktu makan siang	[waktu makan siaŋ]
hacer una copia	membuat salinan	[membuat salinan]
hacer copias	memperbanyak	[memperbanja']
recibir un fax	menerima faks	[mənerima faks]
enviar un fax	mengirim faks	[məŋirim faks]

llamar por teléfono	menelepon	[mənelepon]
responder (vi, vt)	menjawab	[mənd͡ʒʲawab]
poner en comunicación	menyambungkan	[mənjambuŋkan]
fijar (~ una reunión)	menetapkan	[mənetapkan]
demostrar (vt)	memeragakan	[memeragakan]
estar ausente	absen, tidak hadir	[absen], [tidaʔ hadir]
ausencia (f)	absensi, ketidakhadiran	[absensi], [ketidahadiran]

70. Los procesos de negocio. Unidad 1

negocio (m), comercio (m)	bisnis	[bisnis]
ocupación (f)	urusan	[urusan]
firma (f)	firma	[firma]
compañía (f)	maskapai	[maskapaj]
corporación (f)	korporasi	[korporasi]
empresa (f)	perusahaan	[pərusahaʔan]
agencia (f)	biro, kantor	[biro], [kantor]
acuerdo (m)	perjanjian	[pərd͡ʒʲand͡ʒian]
contrato (m)	kontrak	[kontraʔ]
trato (m), acuerdo (m)	transaksi	[transaksi]
pedido (m)	pesanan	[pesanan]
condición (f) del contrato	syarat	[ʃarat]
al por mayor (adv)	grosir	[grosir]
al por mayor (adj)	grosir	[grosir]
venta (f) al por mayor	penjualan grosir	[pend͡ʒʲualan grosir]
al por menor (adj)	eceran	[et͡ʃeran]
venta (f) al por menor	pengeceran	[peŋet͡ʃeran]
competidor (m)	kompetitor, pesaing	[kompetitor], [pesajŋ]
competencia (f)	kompetisi, persaingan	[kompetisi], [pərsajŋan]
competir (vi)	bersaing	[bərsajŋ]
socio (m)	mitra	[mitra]
sociedad (f)	kemitraan	[kemitraʔan]
crisis (f)	krisis	[krisis]
bancarrota (f)	kebangkrutan	[kebaŋkrutan]
ir a la bancarrota	jatuh bangkrut	[d͡ʒʲatuh baŋkrut]
dificultad (f)	kesukaran	[kesukaran]
problema (m)	masalah	[masalah]
catástrofe (f)	gagal total	[gagal total]
economía (f)	ekonomi	[ekonomi]
económico (adj)	ekonomi	[ekonomi]
recesión (f) económica	resesi ekonomi	[resesi ekonomi]
meta (f)	tujuan	[tud͡ʒʲuan]
objetivo (m)	tugas	[tugas]
comerciar (vi)	berdagang	[bərdagaŋ]
red (f) (~ comercial)	jaringan	[d͡ʒʲariŋan]

existencias (f pl)	inventaris	[inventaris]
surtido (m)	penyortiran	[penjortiran]
líder (m)	pemimpin	[pemimpin]
grande (empresa ~)	besar	[besar]
monopolio (m)	monopoli	[monopoli]
teoría (f)	teori	[teori]
práctica (f)	praktik	[prakti']
experiencia (f)	pengalaman	[peŋalaman]
tendencia (f)	tendensi	[tendensi]
desarrollo (m)	perkembangan	[pərkembaŋan]

71. Los procesos de negocio. Unidad 2

rentabilidad (f)	keuntungan	[keuntuŋan]
rentable (adj)	menguntungkan	[məŋuntuŋkan]
delegación (f)	delegasi	[delegasi]
salario (m)	gaji, upah	[gadʒi], [upah]
corregir (un error)	mengoreksi	[məŋoreksi]
viaje (m) de negocios	perjalanan dinas	[pərdʒʲalanan dinas]
comisión (f)	panitia	[panitia]
controlar (vt)	mengontrol	[məŋontrol]
conferencia (f)	konferensi	[konferensi]
licencia (f)	lisensi, izin	[lisensi], [izin]
fiable (socio ~)	yang bisa dipercaya	[yaŋ bisa dipertʃaja]
iniciativa (f)	inisiatif	[inisiatif]
norma (f)	norma	[norma]
circunstancia (f)	keadaan sekitar	[keada'an sekitar]
deber (m)	tugas	[tugas]
empresa (f)	organisasi	[organisasi]
organización (f) (proceso)	pengurusan	[peŋurusan]
organizado (adj)	terurus	[tərurus]
anulación (f)	pembatalan	[pembatalan]
anular (vt)	membatalkan	[membatalkan]
informe (m)	laporan	[laporan]
patente (m)	paten	[paten]
patentar (vt)	mematenkan	[mematenkan]
planear (vt)	merencanakan	[merentʃanakan]
premio (m)	bonus	[bonus]
profesional (adj)	profesional	[profesional]
procedimiento (m)	prosedur	[prosedur]
examinar (vt)	mempertimbangkan	[mempertimbaŋkan]
cálculo (m)	perhitungan	[pərhituŋan]
reputación (f)	reputasi	[reputasi]
riesgo (m)	risiko	[risiko]
dirigir (administrar)	memimpin	[memimpin]

información (f)	data, informasi	[data], [informasi]
propiedad (f)	milik	[miliʔ]
unión (f)	persatuan, serikat	[pərsatuan], [serikat]
seguro (m) de vida	asuransi jiwa	[asuransi dʒiwa]
asegurar (vt)	mengasuransikan	[məŋasuransikan]
seguro (m)	asuransi	[asuransi]
subasta (f)	lelang	[lelaŋ]
notificar (informar)	memberitahu	[memberitahu]
gestión (f)	manajemen	[manadʒʲemen]
servicio (m)	jasa	[dʒʲasa]
foro (m)	forum	[forum]
funcionar (vi)	berfungsi	[bərfuŋsi]
etapa (f)	tahap	[tahap]
jurídico (servicios ~s)	hukum	[hukum]
jurista (m)	ahli hukum	[ahli hukum]

72. La producción. Los trabajos

planta (f)	pabrik	[pabriʔ]
fábrica (f)	pabrik	[pabriʔ]
taller (m)	bengkel	[beŋkel]
planta (f) de producción	perusahaan	[pərusahaʔan]
industria (f)	industri	[industri]
industrial (adj)	industri	[industri]
industria (f) pesada	industri berat	[industri bərat]
industria (f) ligera	industri ringan	[industri riŋan]
producción (f)	produksi	[produksi]
producir (vt)	memproduksi	[memproduksi]
materias (f pl) primas	bahan baku	[bahan baku]
jefe (m) de brigada	mandor	[mandor]
brigada (f)	regu pekerja	[regu pekerdʒʲa]
obrero (m)	buruh, pekerja	[buruh], [pekerdʒʲa]
día (m) de trabajo	hari kerja	[hari kerdʒʲa]
descanso (m)	perhentian	[pərhentian]
reunión (f)	rapat	[rapat]
discutir (vt)	membicarakan	[membitʃarakan]
plan (m)	rencana	[rentʃana]
cumplir el plan	melaksanakan rencana	[melaksanakan rentʃana]
tasa (f) de producción	kecepatan produksi	[ketʃepatan produksi]
calidad (f)	kualitas, mutu	[kualitas], [mutu]
control (m)	kontrol, kendali	[kontrol], [kendali]
control (m) de calidad	kendali mutu	[kendali mutu]
seguridad (f) de trabajo	keselamatan kerja	[keselamatan kerdʒʲa]
disciplina (f)	disiplin	[disiplin]
infracción (f)	pelanggaran	[pelaŋgaran]

violar (las reglas)	melanggar	[melaŋgar]
huelga (f)	pemogokan	[pemogokan]
huelguista (m)	pemogok	[pemogoʔ]
estar en huelga	mogok	[mogoʔ]
sindicato (m)	serikat pekerja	[serikat pekerdʒˈa]

inventar (máquina, etc.)	menemukan	[mənemukan]
invención (f)	penemuan	[penemuan]
investigación (f)	riset, penelitian	[riset], [penelitian]
mejorar (vt)	memperbaiki	[memperbajki]
tecnología (f)	teknologi	[teknologi]
dibujo (m) técnico	gambar teknik	[gambar tekniʔ]

cargamento (m)	muatan	[muatan]
cargador (m)	kuli	[kuli]
cargar (camión, etc.)	memuat	[memuat]
carga (f) (proceso)	pemuatan	[pemuatan]
descargar (vt)	membongkar	[memboŋkar]
descarga (f)	pembongkaran	[pemboŋkaran]

transporte (m)	transportasi, angkutan	[transportasi], [aŋkutan]
compañía (f) de transporte	perusahaan transportasi	[pərusahaʔan transportasi]
transportar (vt)	mengangkut	[məŋaŋkut]

vagón (m)	gerbong barang	[gerboŋ baraŋ]
cisterna (f)	tangki	[taŋki]
camión (m)	truk	[truʔ]

máquina (f) herramienta	mesin	[mesin]
mecanismo (m)	mekanisme	[mekanisme]

desperdicios (m pl)	limbah industri	[limbah industri]
empaquetado (m)	pengemasan	[peɲemasan]
empaquetar (vt)	mengemas	[məŋemas]

73. El contrato. El acuerdo

contrato (m)	kontrak	[kontraʔ]
acuerdo (m)	perjanjian	[pərdʒˈandʒian]
anexo (m)	lampiran	[lampiran]

firmar un contrato	menandatangani kontrak	[mənandataŋani kontraʔ]
firma (f) (nombre)	tanda tangan	[tanda taŋan]
firmar (vt)	menandatangani	[mənandataŋani]
sello (m)	cap	[tʃap]

objeto (m) del acuerdo	subjek perjanjian	[subdʒˈeʔ pərdʒˈandʒian]
cláusula (f)	ayat, pasal	[ajat], [pasal]
partes (f pl)	pihak	[pihaʔ]
domicilio (m) legal	alamat sah	[alamat sah]

violar el contrato	melanggar kontrak	[melaŋgar kontraʔ]
obligación (f)	komitmen, kewajiban	[komitmen], [kewadʒiban]
responsabilidad (f)	tanggung jawab	[taŋguŋ dʒˈawab]

fuerza mayor (f)	keadaan kahar	[keada'an kahar]
disputa (f)	sengketa	[seŋketa]
penalidades (f pl)	sanksi, penalti	[sanksi], [penalti]

74. Importación y exportación

importación (f)	impor	[impor]
importador (m)	importir	[importir]
importar (vt)	mengimpor	[məŋimpor]
de importación (adj)	impor	[impor]
exportación (f)	ekspor	[ekspor]
exportador (m)	eksportir	[eksportir]
exportar (vt)	mengekspor	[məŋekspor]
de exportación (adj)	ekspor	[ekspor]
mercancía (f)	barang dagangan	[baraŋ dagaŋan]
lote (m) de mercancías	partai	[partaj]
peso (m)	berat	[berat]
volumen (m)	volume, isi	[volume], [isi]
metro (m) cúbico	meter kubik	[meter kubiʔ]
productor (m)	produsen	[produsen]
compañía (f) de transporte	perusahaan transportasi	[pərusaha'an transportasi]
contenedor (m)	peti kemas	[peti kemas]
frontera (f)	perbatasan	[pərbatasan]
aduana (f)	pabean	[pabean]
derechos (m pl) arancelarios	bea cukai	[bea tʃukaj]
aduanero (m)	petugas pabean	[petugas pabean]
contrabandismo (m)	penyelundupan	[penjelundupan]
contrabando (m)	barang-barang selundupan	[baraŋ-baraŋ selundupan]

75. Las finanzas

acción (f)	saham	[saham]
bono (m), obligación (f)	obligasi	[obligasi]
letra (f) de cambio	wesel	[wesel]
bolsa (f)	bursa efek	[bursa efeʔ]
cotización (f) de valores	kurs saham	[kurs saham]
abaratarse (vr)	menjadi murah	[məndʒʲadi murah]
encarecerse (vr)	menjadi mahal	[məndʒʲadi mahal]
parte (f)	kepemilikan saham	[kepemilikan saham]
interés (m) mayoritario	mayoritas saham	[majoritas saham]
inversiones (f pl)	investasi	[investasi]
invertir (vi, vt)	berinvestasi	[bərinvestasi]
porcentaje (m)	persen	[pərsen]

interés (m)	suku bunga	[suku buŋa]
beneficio (m)	profit, untung	[profit], [untuŋ]
beneficioso (adj)	beruntung	[bəruntuŋ]
impuesto (m)	pajak	[padʒia']
divisa (f)	valas	[valas]
nacional (adj)	nasional	[nasional]
cambio (m)	pertukaran	[pərtukaran]
contable (m)	akuntan	[akuntan]
contaduría (f)	akuntansi	[akuntansi]
bancarrota (f)	kebangkrutan	[kebaŋkrutan]
quiebra (f)	keruntuhan	[keruntuhan]
ruina (f)	kebangkrutan	[kebaŋkrutan]
arruinarse (vr)	bangkrut	[baŋkrut]
inflación (f)	inflasi	[inflasi]
devaluación (f)	devaluasi	[devaluasi]
capital (m)	modal	[modal]
ingresos (m pl)	pendapatan	[pendapatan]
volumen (m) de negocio	omzet	[omzet]
recursos (m pl)	sumber daya	[sumber daja]
recursos (m pl) monetarios	dana	[dana]
gastos (m pl) accesorios	beaya umum	[beaja umum]
reducir (vt)	mengurangi	[məŋuraŋi]

76. La mercadotecnia

mercadotecnia (f)	pemasaran	[pemasaran]
mercado (m)	pasar	[pasar]
segmento (m) del mercado	segmen pasar	[segmen pasar]
producto (m)	produk	[produ']
mercancía (f)	barang dagangan	[baraŋ dagaŋan]
marca (f)	merek	[mere']
marca (f) comercial	merek dagang	[mere' dagaŋ]
logotipo (m)	logo dagang	[logo dagaŋ]
logo (m)	logo	[logo]
demanda (f)	permintaan	[pərminta'an]
oferta (f)	penawaran	[penawaran]
necesidad (f)	kebutuhan	[kebutuhan]
consumidor (m)	konsumen	[konsumen]
análisis (m)	analisis	[analisis]
analizar (vt)	menganalisis	[məŋanalisis]
posicionamiento (m)	pemosisian	[pemosisian]
posicionar (vt)	memosisikan	[memosisikan]
precio (m)	harga	[harga]
política (f) de precios	politik harga	[politi' harga]
formación (f) de precios	penentuan harga	[penentuan harga]

77. La publicidad

publicidad (f)	iklan	[iklan]
publicitar (vt)	mengiklankan	[məŋiklankan]
presupuesto (m)	anggaran belanja	[aŋgaran belandʒ¡a]
anuncio (m) publicitario	iklan	[iklan]
publicidad (f) televisiva	iklan TV	[iklan ti-vi]
publicidad (f) radiofónica	iklan radio	[iklan radio]
publicidad (f) exterior	iklan luar ruangan	[iklan luar ruaŋan]
medios (m pl) de comunicación de masas	media massa	[media massa]
periódico (m)	terbitan berkala	[tərbitan bərkala]
imagen (f)	citra	[tʃitra]
consigna (f)	slogan, semboyan	[slogan], [semboyan]
divisa (f)	moto	[moto]
campaña (f)	kampanye	[kampanje]
campaña (f) publicitaria	kampanye iklan	[kampanje iklan]
auditorio (m) objetivo	khalayak sasaran	[halaja' sasaran]
tarjeta (f) de visita	kartu nama	[kartu nama]
prospecto (m)	selebaran	[selebaran]
folleto (m)	brosur	[brosur]
panfleto (m)	pamflet	[pamflet]
boletín (m)	buletin	[buletin]
letrero (m) (~ luminoso)	papan nama	[papan nama]
pancarta (f)	poster	[poster]
valla (f) publicitaria	papan iklan	[papan iklan]

78. La banca

banco (m)	bank	[ban']
sucursal (f)	cabang	[tʃabaŋ]
consultor (m)	konsultan	[konsultan]
gerente (m)	manajer	[manadʒ¡er]
cuenta (f)	rekening	[rekeniŋ]
numero (m) de la cuenta	nomor rekening	[nomor rekeniŋ]
cuenta (f) corriente	rekening koran	[rekeniŋ koran]
cuenta (f) de ahorros	rekening simpanan	[rekeniŋ simpanan]
abrir una cuenta	membuka rekening	[membuka rekeniŋ]
cerrar la cuenta	menutup rekening	[mənutup rekeniŋ]
ingresar en la cuenta	memasukkan ke rekening	[memasu'kan ke rekeniŋ]
sacar de la cuenta	menarik uang	[mənari' uaŋ]
depósito (m)	deposito	[deposito]
hacer un depósito	melakukan setoran	[melakukan setoran]

giro (m) bancario	transfer kawat	[transfer kawat]
hacer un giro	mentransfer	[məntransfer]
suma (f)	jumlah	[dʒˈumlah]
¿Cuánto?	Berapa?	[bərapa?]
firma (f) (nombre)	tanda tangan	[tanda taŋan]
firmar (vt)	menandatangani	[mənandataŋani]
tarjeta (f) de crédito	kartu kredit	[kartu kredit]
código (m)	kode	[kode]
número (m) de tarjeta de crédito	nomor kartu kredit	[nomor kartu kredit]
cajero (m) automático	Anjungan Tunai Mandiri, ATM	[andʒˈuŋan tunaj mandiri], [a-te-em]
cheque (m)	cek	[tʃeʔ]
sacar un cheque	menulis cek	[mənulis tʃeʔ]
talonario (m)	buku cek	[buku tʃeʔ]
crédito (m)	kredit, pinjaman	[kredit], [pindʒˈaman]
pedir el crédito	meminta kredit	[məminta kredit]
obtener un crédito	mendapatkan kredit	[məndapatkan kredit]
conceder un crédito	memberikan kredit	[məmberikan kredit]
garantía (f)	jaminan	[dʒˈaminan]

79. El teléfono. Las conversaciones telefónicas

teléfono (m)	telepon	[telepon]
teléfono (m) móvil	ponsel	[ponsel]
contestador (m)	mesin penjawab panggilan	[mesin pendʒˈawab paŋgilan]
llamar, telefonear	menelepon	[mənelepon]
llamada (f)	panggilan telepon	[paŋgilan telepon]
marcar un número	memutar nomor telepon	[memutar nomor telepon]
¿Sí?, ¿Dígame?	Halo!	[halo!]
preguntar (vt)	bertanya	[bərtanja]
responder (vi, vt)	menjawab	[məndʒˈawab]
oír (vt)	mendengar	[məndeŋar]
bien (adv)	baik	[bajʔ]
mal (adv)	buruk, jelek	[buruk], [dʒˈeleʔ]
ruidos (m pl)	bising, gangguan	[bisiŋ], [gaŋguan]
auricular (m)	gagang	[gagaŋ]
descolgar (el teléfono)	mengangkat telepon	[məŋaŋkat telepon]
colgar el auricular	menutup telepon	[mənutup telepon]
ocupado (adj)	sibuk	[sibuʔ]
sonar (teléfono)	berdering	[bərderiŋ]
guía (f) de teléfonos	buku telepon	[buku telepon]
local (adj)	lokal	[lokal]
llamada (f) local	panggilan lokal	[paŋgilan lokal]

de larga distancia	interlokal	[interlokal]
llamada (f) de larga distancia	panggilan interlokal	[paŋgilan interlokal]
internacional (adj)	internasional	[internasional]
llamada (f) internacional	panggilan internasional	[paŋgilan internasional]

80. El teléfono celular

teléfono (m) móvil	ponsel	[ponsel]
pantalla (f)	layar	[lajar]
botón (m)	kenop	[kenop]
tarjeta SIM (f)	kartu SIM	[kartu sim]
pila (f)	baterai	[barateraj]
descargarse (vr)	mati	[mati]
cargador (m)	pengisi baterai, pengecas	[peŋisi bateraj], [peŋetʃas]
menú (m)	menu	[menu]
preferencias (f pl)	penyetelan	[penjetelan]
melodía (f)	nada panggil	[nada paŋgil]
seleccionar (vt)	memilih	[memilih]
calculadora (f)	kalkulator	[kalkulator]
contestador (m)	penjawab telepon	[pendʒawab telepon]
despertador (m)	weker	[weker]
contactos (m pl)	buku telepon	[buku telepon]
mensaje (m) de texto	pesan singkat	[pesan siŋkat]
abonado (m)	pelanggan	[pelaŋgan]

81. Los artículos de escritorio. La papelería

bolígrafo (m)	bolpen	[bolpen]
pluma (f) estilográfica	pena celup	[pena tʃelup]
lápiz (m)	pensil	[pensil]
marcador (m)	spidol	[spidol]
rotulador (m)	spidol	[spidol]
bloc (m) de notas	buku catatan	[buku tʃatatan]
agenda (f)	agenda	[agenda]
regla (f)	mistar, penggaris	[mistar], [peŋgaris]
calculadora (f)	kalkulator	[kalkulator]
goma (f) de borrar	karet penghapus	[karet peɲhapus]
chincheta (f)	paku payung	[paku pajuŋ]
clip (m)	penjepit kertas	[pendʒepit kertas]
cola (f), pegamento (m)	lem	[lem]
grapadora (f)	stapler	[stapler]
perforador (m)	alat pelubang kertas	[alat pelubaŋ kertas]
sacapuntas (m)	rautan pensil	[rautan pensil]

82. Tipos de negocios

contabilidad (f)	jasa akuntansi	[dʒ'asa akuntansi]
publicidad (f)	periklanan	[pəriklanan]
agencia (f) de publicidad	biro periklanan	[biro pəriklanan]
climatizadores (m pl)	penyejuk udara	[penjedʒ'u' udara]
compañía (f) aérea	maskapai penerbangan	[maskapaj penerbaŋan]
bebidas (f pl) alcohólicas	minuman beralkohol	[minuman bəralkohol]
antigüedad (f)	antikuariat	[antikuariat]
galería (f) de arte	galeri seni	[galeri seni]
servicios (m pl) de auditoría	jasa audit	[dʒ'asa audit]
negocio (m) bancario	industri perbankan	[industri pərbankan]
bar (m)	bar	[bar]
salón (m) de belleza	salon kecantikan	[salon ketʃantikan]
librería (f)	toko buku	[toko buku]
fábrica (f) de cerveza	pabrik bir	[pabri' bir]
centro (m) de negocios	pusat bisnis	[pusat bisnis]
escuela (f) de negocios	sekolah bisnis	[sekolah bisnis]
casino (m)	kasino	[kasino]
construcción (f)	pembangunan	[pembaŋunan]
consultoría (f)	jasa konsultasi	[dʒ'asa konsultasi]
estomatología (f)	klinik gigi	[klini' gigi]
diseño (m)	desain	[desajn]
farmacia (f)	apotek, toko obat	[apotek], [toko obat]
tintorería (f)	penatu kimia	[penatu kimia]
agencia (f) de empleo	biro tenaga kerja	[biro tenaga kerdʒ'a]
servicios (m pl) financieros	jasa finansial	[dʒ'asa finansial]
productos alimenticios	produk makanan	[produ' makanan]
funeraria (f)	rumah duka	[rumah duka]
muebles (m pl)	mebel	[mebel]
ropa (f)	pakaian, busana	[pakajan], [busana]
hotel (m)	hotel	[hotel]
helado (m)	es krim	[es krim]
industria (f)	industri	[industri]
seguro (m)	asuransi	[asuransi]
internet (m), red (f)	Internet	[internet]
inversiones (f pl)	investasi	[investasi]
joyero (m)	tukang perhiasan	[tukaŋ pərhiasan]
joyería (f)	perhiasan	[pərhiasan]
lavandería (f)	penatu	[penatu]
asesoría (f) jurídica	penasihat hukum	[penasihat hukum]
industria (f) ligera	industri ringan	[industri riŋan]
revista (f)	majalah	[madʒ'alah]
venta (f) por catálogo	perniagaan pesanan pos	[pərniaga'an pesanan pos]
medicina (f)	kedokteran	[kedokteran]
cine (m) (iremos al ~)	bioskop	[bioskop]
museo (m)	museum	[museum]

agencia (f) de información	kantor berita	[kantor bərita]
periódico (m)	koran	[koran]
club (m) nocturno	klub malam	[klub malam]
petróleo (m)	petroleum, minyak	[petroleum], [minjaʔ]
servicio (m) de entrega	jasa kurir	[dʒʲasa kurir]
industria (f) farmacéutica	farmasi	[farmasi]
poligrafía (f)	percetakan	[pərtʃetakan]
editorial (f)	penerbit	[penerbit]
radio (f)	radio	[radio]
inmueble (m)	properti, lahan yasan	[properti], [lahan yasan]
restaurante (m)	restoran	[restoran]
agencia (f) de seguridad	biro keamanan	[biro keamanan]
deporte (m)	olahraga	[olahraga]
bolsa (f) de comercio	bursa efek	[bursa efeʔ]
tienda (f)	toko	[toko]
supermercado (m)	pasar swalayan	[pasar swalajan]
piscina (f)	kolam renang	[kolam renaŋ]
taller (m)	rumah jahit	[rumah dʒʲahit]
televisión (f)	televisi	[televisi]
teatro (m)	teater	[teater]
comercio (m)	perdagangan	[pərdagaŋan]
servicios de transporte	transportasi, angkutan	[transportasi], [aŋkutan]
turismo (m)	pariwisata	[pariwisata]
veterinario (m)	dokter hewan	[dokter hewan]
almacén (m)	gudang	[gudaŋ]
recojo (m) de basura	pemungutan sampah	[pemuŋutan sampah]

El trabajo. Los negocios. Unidad 2

83. La exhibición. La feria comercial

exposición, feria (f)	pameran	[pameran]
feria (f) comercial	pameran perdagangan	[pameran pərdagaŋan]
participación (f)	partisipasi	[partisipasi]
participar (vi)	turut serta	[turut serta]
participante (m)	partisipan, peserta	[partisipan], [peserta]
director (m)	direktur	[direktur]
dirección (f)	biro penyelenggara kegiatan	[biro penelengara kegiatan]
organizador (m)	penyelenggara	[penjeleŋgara]
organizar (vt)	menyelenggarakan	[mənjeleŋgarakan]
solicitud (f) de participación	formulir keikutsertaan	[formulir keikutserta'an]
rellenar (vt)	mengisi	[məŋisi]
detalles (m pl)	detail	[detajl]
información (f)	informasi	[informasi]
precio (m)	harga	[harga]
incluso	termasuk	[tərmasu']
incluir (vt)	mencakup	[məntʃakup]
pagar (vi, vt)	membayar	[membajar]
cuota (f) de registro	biaya pendaftaran	[biaja pendaftaran]
entrada (f)	masuk	[masu']
pabellón (m)	paviliun	[paviliun]
registrar (vt)	mendaftar	[məndaftar]
tarjeta (f) de identificación	label identitas	[label identitas]
stand (m) de feria	stand	[stand]
reservar (vt)	memesan	[memesan]
vitrina (f)	dagang layar kaca	[dagaŋ lajar katʃa]
lámpara (f)	lampu	[lampu]
diseño (m)	desain	[desajn]
poner (colocar)	menempatkan	[mənempatkan]
situarse (vr)	diletakkan	[dileta'kan]
distribuidor (m)	penyalur	[penjalur]
proveedor (m)	penyuplai	[penyuplaj]
suministrar (vt)	menyuplai	[mənyuplaj]
país (m)	negara, negeri	[negara], [negeri]
extranjero (adj)	asing	[asiŋ]
producto (m)	produk	[produ']
asociación (f)	asosiasi, perhimpunan	[asosiasi], [pərhimpunan]

sala (f) de conferencias	gedung pertemuan	[geduŋ pərtemuan]
congreso (m)	kongres	[koŋres]
concurso (m)	kontes	[kontes]

visitante (m)	pengunjung	[peŋundʒʲuŋ]
visitar (vt)	mendatangi	[məndataɲi]
cliente (m)	pelanggan	[pelaŋgan]

84. La ciencia. La investigación. Los científicos

ciencia (f)	ilmu	[ilmu]
científico (adj)	ilmiah	[ilmiah]
científico (m)	ilmuwan	[ilmuwan]
teoría (f)	teori	[teori]

axioma (m)	aksioma	[aksioma]
análisis (m)	analisis	[analisis]
analizar (vt)	menganalisis	[məŋanalisis]
argumento (m)	argumen	[argumen]
sustancia (f) (materia)	zat, bahan	[zat], [bahan]

hipótesis (f)	hipotesis	[hipotesis]
dilema (m)	dilema	[dilema]
tesis (f) de grado	disertasi	[disertasi]
dogma (m)	dogma	[dogma]

doctrina (f)	doktrin	[doktrin]
investigación (f)	riset, penelitian	[riset], [penelitian]
investigar (vt)	penelitian	[penelitian]
prueba (f)	pengujian	[peŋudʒian]
laboratorio (m)	laboratorium	[laboratorium]

método (m)	metode	[metode]
molécula (f)	molekul	[molekul]
seguimiento (m)	pemonitoran	[pemonitoran]
descubrimiento (m)	penemuan	[penemuan]

postulado (m)	postulat	[postulat]
principio (m)	prinsip	[prinsip]
pronóstico (m)	prakiraan	[prakira'an]
pronosticar (vt)	memprakirakan	[memprakirakan]

síntesis (f)	sintesis	[sintesis]
tendencia (f)	tendensi	[tendensi]
teorema (m)	teorema	[teorema]

enseñanzas (f pl)	ajaran	[adʒʲaran]
hecho (m)	fakta	[fakta]
expedición (f)	ekspedisi	[ekspedisi]
experimento (m)	eksperimen	[eksperimen]

académico (m)	akademikus	[akademikus]
bachiller (m)	sarjana	[sardʒʲana]
doctorado (m)	doktor	[doktor]

docente (m)	**Profesor Madya**	[profesor madja]
Master (m) (~ en Letras)	**Master**	[master]
profesor (m)	**profesor**	[profesor]

Las profesiones y los oficios

85. La búsqueda de trabajo. El despido

trabajo (m)	kerja, pekerjaan	[kerdʒʲa], [pekerdʒʲa'an]
empleados (pl)	staf, personalia	[staf], [personalia]
personal (m)	staf, personel	[staf], [personel]
carrera (f)	karier	[karier]
perspectiva (f)	perspektif	[perspektif]
maestría (f)	keterampilan	[keterampilan]
selección (f)	pilihan	[pilihan]
agencia (f) de empleo	biro tenaga kerja	[biro tenaga kerdʒʲa]
curriculum vitae (m)	resume	[resume]
entrevista (f)	wawancara kerja	[wawantʃara kerdʒʲa]
vacancia (f)	lowongan	[lowoŋan]
salario (m)	gaji, upah	[gadʒi], [upah]
salario (m) fijo	gaji tetap	[gadʒi tetap]
remuneración (f)	bayaran	[bajaran]
puesto (m) (trabajo)	jabatan	[dʒʲabatan]
deber (m)	tugas	[tugas]
gama (f) de deberes	bidang tugas	[bidaŋ tugas]
ocupado (adj)	sibuk	[sibuʔ]
despedir (vt)	memecat	[memetʃat]
despido (m)	pemecatan	[pemetʃatan]
desempleo (m)	pengangguran	[peŋaŋuran]
desempleado (m)	penggangur	[peŋgaŋur]
jubilación (f)	pensiun	[pensiun]
jubilarse	pensiun	[pensiun]

86. Los negociantes

director (m)	direktur	[direktur]
gerente (m)	manajer	[manadʒʲer]
jefe (m)	bos, atasan	[bos], [atasan]
superior (m)	atasan	[atasan]
superiores (m pl)	atasan	[atasan]
presidente (m)	presiden	[presiden]
presidente (m) (de compañía)	ketua, dirut	[ketua], [dirut]
adjunto (m)	wakil	[wakil]
asistente (m)	asisten	[asisten]

secretario, -a (m, f)	sekretaris	[sekretaris]
secretario (m) particular	asisten pribadi	[asisten pribadi]
hombre (m) de negocios	pengusaha, pebisnis	[peŋusaha], [pebisnis]
emprendedor (m)	pengusaha	[peŋusaha]
fundador (m)	pendiri	[pendiri]
fundar (vt)	mendirikan	[məndirikan]
institutor (m)	pendiri	[pendiri]
socio (m)	mitra	[mitra]
accionista (m)	pemegang saham	[pemegaŋ saham]
millonario (m)	jutawan	[dʒʲutawan]
multimillonario (m)	miliarder	[miliarder]
propietario (m)	pemilik	[pemiliʔ]
terrateniente (m)	tuan tanah	[tuan tanah]
cliente (m)	klien	[klien]
cliente (m) habitual	klien tetap	[klien tetap]
comprador (m)	pembeli	[pembeli]
visitante (m)	tamu	[tamu]
profesional (m)	profesional	[profesional]
experto (m)	pakar, ahli	[pakar], [ahli]
especialista (m)	spesialis, ahli	[spesialis], [ahli]
banquero (m)	bankir	[bankir]
broker (m)	broker, pialang	[broker], [pialaŋ]
cajero (m)	kasir	[kasir]
contable (m)	akuntan	[akuntan]
guardia (m) de seguridad	satpam, pengawal	[satpam], [peŋawal]
inversionista (m)	investor	[investor]
deudor (m)	debitur	[debitur]
acreedor (m)	kreditor	[kreditor]
prestatario (m)	peminjam	[memindʒʲam]
importador (m)	importir	[importir]
exportador (m)	eksportir	[eksportir]
productor (m)	produsen	[produsen]
distribuidor (m)	penyalur	[pənjalur]
intermediario (m)	perantara	[pərantara]
asesor (m) (~ fiscal)	konsultan	[konsultan]
representante (m)	perwakilan penjualan	[pərwakilan pendʒʲualan]
agente (m)	agen	[agen]
agente (m) de seguros	agen asuransi	[agen asuransi]

87. Los trabajos de servicio

cocinero (m)	koki, juru masak	[koki], [dʒʲuru masaʔ]
jefe (m) de cocina	koki kepala	[koki kepala]

panadero (m)	pembuat roti	[pembuat roti]
barman (m)	pelayan bar	[pelajan bar]
camarero (m)	pelayan lelaki	[pelajan lelaki]
camarera (f)	pelayan perempuan	[pelajan pərempuan]
abogado (m)	advokat, pengacara	[advokat], [peŋatʃara]
jurista (m)	ahli hukum	[ahli hukum]
notario (m)	notaris	[notaris]
electricista (m)	tukang listrik	[tukaŋ listriʔ]
fontanero (m)	tukang pipa	[tukaŋ pipa]
carpintero (m)	tukang kayu	[tukaŋ kaju]
masajista (m)	tukang pijat lelaki	[tukaŋ pidʒʲat lelaki]
masajista (f)	tukang pijat perempuan	[tukaŋ pidʒʲat pərempuan]
médico (m)	dokter	[dokter]
taxista (m)	sopir taksi	[sopir taksi]
chofer (m)	sopir	[sopir]
repartidor (m)	kurir	[kurir]
camarera (f)	pelayan kamar	[pelajan kamar]
guardia (m) de seguridad	satpam, pengawal	[satpam], [peŋawal]
azafata (f)	pramugari	[pramugari]
profesor (m) (~ de baile, etc.)	guru	[guru]
bibliotecario (m)	pustakawan	[pustakawan]
traductor (m)	penerjemah	[penerdʒʲemah]
intérprete (m)	juru bahasa	[dʒʲuru bahasa]
guía (m)	pemandu wisata	[pemandu wisata]
peluquero (m)	tukang cukur	[tukaŋ tʃukur]
cartero (m)	tukang pos	[tukaŋ pos]
vendedor (m)	pramuniaga	[pramuniaga]
jardinero (m)	tukang kebun	[tukaŋ kebun]
servidor (m)	pramuwisma	[pramuwisma]
criada (f)	pramuwisma	[pramuwisma]
mujer (f) de la limpieza	pembersih ruangan	[pembersih ruaŋan]

88. La profesión militar y los rangos

soldado (m) raso	prajurit	[pradʒʲurit]
sargento (m)	sersan	[sersan]
teniente (m)	letnan	[letnan]
capitán (m)	kapten	[kapten]
mayor (m)	mayor	[major]
coronel (m)	kolonel	[kolonel]
general (m)	jenderal	[dʒʲenderal]
mariscal (m)	marsekal	[marsekal]
almirante (m)	laksamana	[laksamana]
militar (m)	anggota militer	[aŋgota militer]
soldado (m)	tentara, serdadu	[tentara], [serdadu]

oficial (m)	perwira	[pərwira]
comandante (m)	komandan	[komandan]
guardafronteras (m)	penjaga perbatasan	[pendʒʲaga pərbatasan]
radio-operador (m)	operator radio	[operator radio]
explorador (m)	pengintai	[peɲintaj]
zapador (m)	pencari ranjau	[pentʃari randʒʲau]
tirador (m)	petembak	[petembaʔ]
navegador (m)	navigator, penavigasi	[navigator], [penavigasi]

89. Los oficiales. Los sacerdotes

rey (m)	raja	[radʒʲa]
reina (f)	ratu	[ratu]
príncipe (m)	pangeran	[paŋeran]
princesa (f)	putri	[putri]
zar (m)	tsar, raja	[tsar], [radʒʲa]
zarina (f)	tsarina, ratu	[tsarina], [ratu]
presidente (m)	presiden	[presiden]
ministro (m)	Menteri Sekretaris	[mənteri sekretaris]
primer ministro (m)	perdana menteri	[pərdana menteri]
senador (m)	senator	[senator]
diplomático (m)	diplomat	[diplomat]
cónsul (m)	konsul	[konsul]
embajador (m)	duta besar	[duta besar]
consejero (m)	penasihat	[penasihat]
funcionario (m)	petugas	[petugas]
prefecto (m)	prefek	[prefeʔ]
alcalde (m)	walikota	[walikota]
juez (m)	hakim	[hakim]
fiscal (m)	kejaksaan negeri	[kedʒʲaksaʔan negeri]
misionero (m)	misionaris	[misionaris]
monje (m)	biarawan, rahib	[biarawan], [rahib]
abad (m)	abbas	[abbas]
rabino (m)	rabbi	[rabbi]
visir (m)	wazir	[wazir]
sha (m)	syah	[ʃah]
jeque (m)	syeikh	[ʃejh]

90. Las profesiones agrícolas

apicultor (m)	peternak lebah	[peternaʔ lebah]
pastor (m)	penggembala	[peŋgembala]
agrónomo (m)	agronom	[agronom]

| ganadero (m) | peternak | [peternaʔ] |
| veterinario (m) | dokter hewan | [dokter hewan] |

granjero (m)	petani	[petani]
vinicultor (m)	pembuat anggur	[pembuat aŋgur]
zoólogo (m)	zoolog	[zoolog]
vaquero (m)	koboi	[koboi]

91. Las profesiones artísticas

| actor (m) | aktor | [aktor] |
| actriz (f) | aktris | [aktris] |

| cantante (m) | biduan | [biduan] |
| cantante (f) | biduanita | [biduanita] |

| bailarín (m) | penari lelaki | [penari lelaki] |
| bailarina (f) | penari perempuan | [penari pərempuan] |

| artista (m) | artis | [artis] |
| artista (f) | artis | [artis] |

músico (m)	musisi, musikus	[musisi], [musikus]
pianista (m)	pianis	[pianis]
guitarrista (m)	pemain gitar	[pemajn gitar]

director (m) de orquesta	konduktor	[konduktor]
compositor (m)	komposer, komponis	[komposer], [komponis]
empresario (m)	impresario	[impresario]

director (m) de cine	sutradara	[sutradara]
productor (m)	produser	[produser]
guionista (m)	penulis skenario	[penulis skenario]
crítico (m)	kritikus	[kritikus]

escritor (m)	penulis	[penulis]
poeta (m)	penyair	[penjajr]
escultor (m)	pematung	[pematuŋ]
pintor (m)	perupa	[perupa]

malabarista (m)	juggler	[dʒʲuggler]
payaso (m)	badut	[badut]
acróbata (m)	akrobat	[akrobat]
ilusionista (m)	pesulap	[pesulap]

92. Profesiones diversas

médico (m)	dokter	[dokter]
enfermera (f)	suster, juru rawat	[suster], [dʒʲuru rawat]
psiquiatra (m)	psikiater	[psikiater]
dentista (m)	dokter gigi	[dokter gigi]
cirujano (m)	dokter bedah	[dokter bedah]

astronauta (m)	astronaut	[astronaut]
astrónomo (m)	astronom	[astronom]
piloto (m)	pilot	[pilot]
conductor (m) (chófer)	sopir	[sopir]
maquinista (m)	masinis	[masinis]
mecánico (m)	mekanik	[mekaniʔ]
minero (m)	penambang	[penambaŋ]
obrero (m)	buruh, pekerja	[buruh], [pekerdʒʲa]
cerrajero (m)	tukang kikir	[tukaŋ kikir]
carpintero (m)	tukang kayu	[tukaŋ kaju]
tornero (m)	tukang bubut	[tukaŋ bubut]
albañil (m)	buruh bangunan	[buruh baŋunan]
soldador (m)	tukang las	[tukaŋ las]
profesor (m) (título)	profesor	[profesor]
arquitecto (m)	arsitek	[arsiteʔ]
historiador (m)	sejarawan	[sedʒʲarawan]
científico (m)	ilmuwan	[ilmuwan]
físico (m)	fisikawan	[fisikawan]
químico (m)	kimiawan	[kimiawan]
arqueólogo (m)	arkeolog	[arkeolog]
geólogo (m)	geolog	[geolog]
investigador (m)	periset, peneliti	[pəriset], [peneliti]
niñera (f)	pengasuh anak	[peŋasuh anaʔ]
pedagogo (m)	guru, pendidik	[guru], [pendidiʔ]
redactor (m)	editor, penyunting	[editor], [penyuntiŋ]
redactor jefe (m)	editor kepala	[editor kepala]
corresponsal (m)	koresponden	[koresponden]
mecanógrafa (f)	juru ketik	[dʒʲuru ketiʔ]
diseñador (m)	desainer, perancang	[desajner], [pərantʃaŋ]
especialista (m) en ordenadores	ahli komputer	[ahli komputer]
programador (m)	pemrogram	[pemrogram]
ingeniero (m)	insinyur	[insinyur]
marino (m)	pelaut	[pelaut]
marinero (m)	kelasi	[kelasi]
socorrista (m)	penyelamat	[penjelamat]
bombero (m)	pemadam kebakaran	[pemadam kebakaran]
policía (m)	polisi	[polisi]
vigilante (m) nocturno	penjaga	[pendʒʲaga]
detective (m)	detektif	[detektif]
aduanero (m)	petugas pabean	[petugas pabean]
guardaespaldas (m)	pengawal pribadi	[peŋawal pribadi]
guardia (m) de prisiones	sipir, penjaga penjara	[sipir], [pendʒʲaga pendʒʲara]
inspector (m)	inspektur	[inspektur]
deportista (m)	olahragawan	[olahragawan]
entrenador (m)	pelatih	[pelatih]

carnicero (m)	**tukang daging**	[tukaŋ dagiŋ]
zapatero (m)	**tukang sepatu**	[tukaŋ sepatu]
comerciante (m)	**pedagang**	[pedagaŋ]
cargador (m)	**kuli**	[kuli]
diseñador (m) de modas	**perancang busana**	[perantʃaŋ busana]
modelo (f)	**peragawati**	[peragawati]

93. Los trabajos. El estatus social

escolar (m)	**siswa**	[siswa]
estudiante (m)	**mahasiswa**	[mahasiswa]
filósofo (m)	**filsuf**	[filsuf]
economista (m)	**ahli ekonomi**	[ahli ekonomi]
inventor (m)	**penemu**	[penemu]
desempleado (m)	**penganggur**	[peŋgaŋgur]
jubilado (m)	**pensiunan**	[pensiunan]
espía (m)	**mata-mata**	[mata-mata]
prisionero (m)	**tahanan**	[tahanan]
huelguista (m)	**pemogok**	[pemogoʔ]
burócrata (m)	**birokrat**	[birokrat]
viajero (m)	**pelancong**	[pelantʃoŋ]
homosexual (m)	**homo, homoseksual**	[homo], [homoseksual]
hacker (m)	**peretas**	[peretas]
hippie (m)	**hipi**	[hipi]
bandido (m)	**bandit**	[bandit]
sicario (m)	**pembunuh bayaran**	[pembunuh bajaran]
drogadicto (m)	**pecandu narkoba**	[petʃandu narkoba]
narcotraficante (m)	**pengedar narkoba**	[peŋedar narkoba]
prostituta (f)	**pelacur**	[pelatʃur]
chulo (m), proxeneta (m)	**germo**	[germo]
brujo (m)	**penyihir lelaki**	[penjihir lelaki]
bruja (f)	**penyihir perempuan**	[penjihir perempuan]
pirata (m)	**bajak laut**	[badʒʲaʔ laut]
esclavo (m)	**budak**	[budaʔ]
samurai (m)	**samurai**	[samuraj]
salvaje (m)	**orang primitif**	[oraŋ primitif]

La educación

94. La escuela

escuela (f)	sekolah	[sekolah]
director (m) de escuela	kepala sekolah	[kepala sekolah]
alumno (m)	murid laki-laki	[murid laki-laki]
alumna (f)	murid perempuan	[murid pərempuan]
escolar (m)	siswa	[siswa]
escolar (f)	siswi	[siswi]
enseñar (vt)	mengajar	[məŋadʒʲar]
aprender (ingles, etc.)	belajar	[beladʒʲar]
aprender de memoria	menghafalkan	[məŋhafalkan]
aprender (a leer, etc.)	belajar	[beladʒʲar]
estar en la escuela	bersekolah	[bərsekolah]
ir a la escuela	ke sekolah	[ke sekolah]
alfabeto (m)	alfabet, abjad	[alfabet], [abdʒʲad]
materia (f)	subjek, mata pelajaran	[subdʒʲek], [mata peladʒʲaran]
aula (f)	ruang kelas	[ruaŋ kelas]
lección (f)	pelajaran	[peladʒʲaran]
recreo (m)	waktu istirahat	[waktu istirahat]
campana (f)	lonceng	[lontʃeŋ]
pupitre (m)	bangku sekolah	[baŋku sekolah]
pizarra (f)	papan tulis hitam	[papan tulis hitam]
nota (f)	nilai	[nilaj]
buena nota (f)	nilai baik	[nilaj bajʔ]
mala nota (f)	nilai jelek	[nilaj dʒʲeleʔ]
poner una nota	memberikan nilai	[memberikan nilaj]
falta (f)	kesalahan	[kesalahan]
hacer faltas	melakukan kesalahan	[melakukan kesalahan]
corregir (un error)	mengoreksi	[məŋoreksi]
chuleta (f)	contekan	[tʃontekan]
deberes (m pl) de casa	pekerjaan rumah	[pekerdʒʲaʔan rumah]
ejercicio (m)	latihan	[latihan]
estar presente	hadir	[hadir]
estar ausente	absen, tidak hadir	[absen], [tidaʔ hadir]
faltar a las clases	absen dari sekolah	[absen dari sekolah]
castigar (vt)	menghukum	[məŋhukum]
castigo (m)	hukuman	[hukuman]
conducta (f)	perilaku	[pərilaku]

libreta (f) de notas	rapor	[rapor]
lápiz (m)	pensil	[pensil]
goma (f) de borrar	karet penghapus	[karet peŋhapus]
tiza (f)	kapur	[kapur]
cartuchera (f)	kotak pensil	[kotaʔ pensil]

mochila (f)	tas sekolah	[tas sekolah]
bolígrafo (m)	pen	[pen]
cuaderno (m)	buku tulis	[buku tulis]
manual (m)	buku pelajaran	[buku peladʒʲaran]
compás (m)	paser, jangka	[paser], [dʒʲaŋka]

| trazar (vi, vt) | menggambar | [məŋgambar] |
| dibujo (m) técnico | gambar teknik | [gambar tekniʔ] |

poema (m), poesía (f)	puisi, sajak	[puisi], [sadʒʲaʔ]
de memoria (adv)	hafal	[hafal]
aprender de memoria	menghafalkan	[məŋhafalkan]

vacaciones (f pl)	liburan sekolah	[liburan sekolah]
estar de vacaciones	berlibur	[bərlibur]
pasar las vacaciones	menjalani liburan	[məndʒʲalani liburan]

prueba (f) escrita	tes, kuis	[tes], [kuis]
composición (f)	esai, karangan	[esaj], [karaŋan]
dictado (m)	dikte	[dikte]
examen (m)	ujian	[udʒian]
hacer un examen	menempuh ujian	[mənempuh udʒian]
experimento (m)	eksperimen	[eksperimen]

95. Los institutos. La Universidad

academia (f)	akademi	[akademi]
universidad (f)	universitas	[universitas]
facultad (f)	fakultas	[fakultas]

estudiante (m)	mahasiswa	[mahasiswa]
estudiante (f)	mahasiswi	[mahasiswi]
profesor (m)	dosen	[dosen]

| aula (f) | ruang kuliah | [ruaŋ kuliah] |
| graduado (m) | lulusan | [lulusan] |

| diploma (m) | ijazah | [idʒʲazah] |
| tesis (f) de grado | disertasi | [disertasi] |

| estudio (m) | penelitian | [penelitian] |
| laboratorio (m) | laboratorium | [laboratorium] |

| clase (f) | kuliah | [kuliah] |
| compañero (m) de curso | rekan sekuliah | [rekan sekuliah] |

| beca (f) | beasiswa | [beasiswa] |
| grado (m) académico | gelar akademik | [gelar akademiʔ] |

96. Las ciencias. Las disciplinas

matemáticas (f pl)	matematika	[matematika]
álgebra (f)	aljabar	[aldʒ'abar]
geometría (f)	geometri	[geometri]
astronomía (f)	astronomi	[astronomi]
biología (f)	biologi	[biologi]
geografía (f)	geografi	[geografi]
geología (f)	geologi	[geologi]
historia (f)	sejarah	[sedʒ'arah]
medicina (f)	kedokteran	[kedokteran]
pedagogía (f)	pedagogi	[pedagogi]
derecho (m)	hukum	[hukum]
física (f)	fisika	[fisika]
química (f)	kimia	[kimia]
filosofía (f)	filsafat	[filsafat]
psicología (f)	psikologi	[psikologi]

97. Los sistemas de escritura. La ortografía

gramática (f)	tatabahasa	[tatabahasa]
vocabulario (m)	kosakata	[kosakata]
fonética (f)	fonetik	[foneti']
sustantivo (m)	nomina	[nomina]
adjetivo (m)	adjektiva	[adʒ'ektiva]
verbo (m)	verba	[verba]
adverbio (m)	adverbia	[adverbia]
pronombre (m)	kata ganti	[kata ganti]
interjección (f)	kata seru	[kata seru]
preposición (f)	preposisi, kata depan	[preposisi], [kata depan]
raíz (f), radical (m)	kata dasar	[kata dasar]
desinencia (f)	akhiran	[ahiran]
prefijo (m)	prefiks, awalan	[prefiks], [awalan]
sílaba (f)	suku kata	[suku kata]
sufijo (m)	sufiks, akhiran	[sufiks], [ahiran]
acento (m)	tanda tekanan	[tanda tekanan]
apóstrofo (m)	apostrofi	[apostrofi]
punto (m)	titik	[titi']
coma (m)	koma	[koma]
punto y coma	titik koma	[titi' koma]
dos puntos (m pl)	titik dua	[titi' dua]
puntos (m pl) suspensivos	elipsis, lesapan	[elipsis], [lesapan]
signo (m) de interrogación	tanda tanya	[tanda tanja]
signo (m) de admiración	tanda seru	[tanda seru]

comillas (f pl)	tanda petik	[tanda peti']
entre comillas	dalam tanda petik	[dalam tanda peti']
paréntesis (m)	tanda kurung	[tanda kuruŋ]
entre paréntesis	dalam tanda kurung	[dalam tanda kuruŋ]
guión (m)	tanda pisah	[tanda pisah]
raya (f)	tanda hubung	[tanda hubuŋ]
blanco (m)	spasi	[spasi]
letra (f)	huruf	[huruf]
letra (f) mayúscula	huruf kapital	[huruf kapital]
vocal (f)	vokal	[vokal]
consonante (m)	konsonan	[konsonan]
oración (f)	kalimat	[kalimat]
sujeto (m)	subjek	[subdʒʲe']
predicado (m)	predikat	[predikat]
línea (f)	baris	[baris]
en una nueva línea	di baris baru	[di baris baru]
párrafo (m)	alinea, paragraf	[alinea], [paragraf]
palabra (f)	kata	[kata]
combinación (f) de palabras	rangkaian kata	[raŋkajan kata]
expresión (f)	ungkapan	[uŋkapan]
sinónimo (m)	sinonim	[sinonim]
antónimo (m)	antonim	[antonim]
regla (f)	peraturan	[pəraturan]
excepción (f)	perkecualian	[pərketʃualian]
correcto (adj)	benar, betul	[benar], [betul]
conjugación (f)	konjugasi	[kondʒʲugasi]
declinación (f)	deklinasi	[deklinasi]
caso (m)	kasus nominal	[kasus nominal]
pregunta (f)	pertanyaan	[pərtanjaʔan]
subrayar (vt)	menggaris bawahi	[məŋgaris bawahi]
línea (f) de puntos	garis bertitik	[garis bərtiti']

98. Los idiomas extranjeros

lengua (f)	bahasa	[bahasa]
extranjero (adj)	asing	[asiŋ]
lengua (f) extranjera	bahasa asing	[bahasa asiŋ]
estudiar (vt)	mempelajari	[mempeladʒʲari]
aprender (ingles, etc.)	belajar	[beladʒʲar]
leer (vi, vt)	membaca	[membatʃa]
hablar (vi, vt)	berbicara	[bərbitʃara]
comprender (vt)	mengerti	[məŋerti]
escribir (vt)	menulis	[mənulis]
rápidamente (adv)	cepat, fasih	[tʃepat], [fasih]
lentamente (adv)	perlahan-lahan	[pərlahan-lahan]

con fluidez (adv)	fasih	[fasih]
reglas (f pl)	peraturan	[pəraturan]
gramática (f)	tatabahasa	[tatabahasa]
vocabulario (m)	kosakata	[kosakata]
fonética (f)	fonetik	[foneti⁷]
manual (m)	buku pelajaran	[buku peladʒʲaran]
diccionario (m)	kamus	[kamus]
manual (m) autodidáctico	buku autodidak	[buku autodida⁷]
guía (f) de conversación	panduan percakapan	[panduan pərtʃakapan]
casete (m)	kaset	[kaset]
videocasete (f)	kaset video	[kaset video]
disco compacto, CD (m)	cakram kompak	[tʃakram kompa⁷]
DVD (m)	cakram DVD	[tʃakram di-vi-di]
alfabeto (m)	alfabet, abjad	[alfabet], [abdʒʲad]
deletrear (vt)	mengeja	[məŋedʒʲa]
pronunciación (f)	pelafalan	[pelafalan]
acento (m)	aksen	[aksen]
con acento	dengan aksen	[deŋan aksen]
sin acento	tanpa aksen	[tanpa aksen]
palabra (f)	kata	[kata]
significado (m)	arti	[arti]
cursos (m pl)	kursus	[kursus]
inscribirse (vr)	Mendaftar	[məndaftar]
profesor (m) (~ de inglés)	guru	[guru]
traducción (f) (proceso)	penerjemahan	[penerdʒʲemahan]
traducción (f) (texto)	terjemahan	[tərdʒʲemahan]
traductor (m)	penerjemah	[penerdʒʲemah]
intérprete (m)	juru bahasa	[dʒʲuru bahasa]
políglota (m)	poliglot	[poliglot]
memoria (f)	memori, daya ingat	[memori], [daja iŋat]

El descanso. El entretenimiento. El viaje

99. Las vacaciones. El viaje

turismo (m)	pariwisata	[pariwisata]
turista (m)	turis, wisatawan	[turis], [wisatawan]
viaje (m)	pengembaraan	[peŋembara'an]
aventura (f)	petualangan	[petualaŋan]
viaje (m) (p.ej. ~ en coche)	perjalanan, lawatan	[pərdʒʲalanan], [lawatan]
vacaciones (f pl)	liburan	[liburan]
estar de vacaciones	berlibur	[bərlibur]
descanso (m)	istirahat	[istirahat]
tren (m)	kereta api	[kereta api]
en tren	naik kereta api	[nai' kereta api]
avión (m)	pesawat terbang	[pesawat tərbaŋ]
en avión	naik pesawat terbang	[nai' pesawat tərbaŋ]
en coche	naik mobil	[nai' mobil]
en barco	naik kapal	[nai' kapal]
equipaje (m)	bagasi	[bagasi]
maleta (f)	koper	[koper]
carrito (m) de equipaje	troli bagasi	[troli bagasi]
pasaporte (m)	paspor	[paspor]
visado (m)	visa	[visa]
billete (m)	tiket	[tiket]
billete (m) de avión	tiket pesawat terbang	[tiket pesawat tərbaŋ]
guía (f) (libro)	buku pedoman	[buku pedoman]
mapa (m)	peta	[peta]
área (f) (~ rural)	kawasan	[kawasan]
lugar (m)	tempat	[tempat]
exotismo (m)	keeksotisan	[keeksotisan]
exótico (adj)	eksotis	[eksotis]
asombroso (adj)	menakjubkan	[mənakdʒʲubkan]
grupo (m)	kelompok	[kelompo']
excursión (f)	ekskursi	[ekskursi]
guía (m) (persona)	pemandu wisata	[pemandu wisata]

100. El hotel

hotel (m), motel (m)	hotel	[hotel]
motel (m)	motel	[motel]
de tres estrellas	bintang tiga	[bintaŋ tiga]

de cinco estrellas	bintang lima	[bintaŋ lima]
hospedarse (vr)	menginap	[məɲinap]
habitación (f)	kamar	[kamar]
habitación (f) individual	kamar tunggal	[kamar tuŋgal]
habitación (f) doble	kamar ganda	[kamar ganda]
reservar una habitación	memesan kamar	[memesan kamar]
media pensión (f)	sewa setengah	[sewa seteŋah]
pensión (f) completa	sewa penuh	[sewa penuh]
con baño	dengan kamar mandi	[deŋan kamar mandi]
con ducha	dengan pancuran	[deŋan pantʃuran]
televisión (f) satélite	televisi satelit	[televisi satelit]
climatizador (m)	penyejuk udara	[penjedʒiuʔ udara]
toalla (f)	handuk	[handuʔ]
llave (f)	kunci	[kuntʃi]
administrador (m)	administrator	[administrator]
camarera (f)	pelayan kamar	[pelajan kamar]
maletero (m)	porter	[porter]
portero (m)	pramupintu	[pramupintu]
restaurante (m)	restoran	[restoran]
bar (m)	bar	[bar]
desayuno (m)	makan pagi, sarapan	[makan pagi], [sarapan]
cena (f)	makan malam	[makan malam]
buffet (m) libre	prasmanan	[prasmanan]
vestíbulo (m)	lobi	[lobi]
ascensor (m)	elevator	[elevator]
NO MOLESTAR	JANGAN MENGGANGGU	[dʒiaɲan məŋgaŋgu]
PROHIBIDO FUMAR	DILARANG MEROKOK!	[dilaraŋ merokoʔ!]

EL EQUIPO TÉCNICO. EL TRANSPORTE

El equipo técnico

101. El computador

ordenador (m)	komputer	[komputer]
ordenador (m) portátil	laptop	[laptop]
encender (vt)	menyalakan	[mənjalakan]
apagar (vt)	mematikan	[mematikan]
teclado (m)	keyboard, papan tombol	[keybor], [papan tombol]
tecla (f)	tombol	[tombol]
ratón (m)	tetikus	[tetikus]
alfombrilla (f) para ratón	bantal tetikus	[bantal tetikus]
botón (m)	tombol	[tombol]
cursor (m)	kursor	[kursor]
monitor (m)	monitor	[monitor]
pantalla (f)	layar	[lajar]
disco (m) duro	hard disk, cakram keras	[hard disk], [tʃakram keras]
volumen (m) de disco duro	kapasitas cakram keras	[kapasitas tʃakram keras]
memoria (f)	memori	[memori]
memoria (f) operativa	memori akses acak	[memori akses atʃaʔ]
archivo, fichero (m)	file, berkas	[file], [bərkas]
carpeta (f)	folder	[folder]
abrir (vt)	membuka	[membuka]
cerrar (vt)	menutup	[mənutup]
guardar (un archivo)	menyimpan	[mənjimpan]
borrar (vt)	menghapus	[mənghapus]
copiar (vt)	menyalin	[mənjalin]
ordenar (vt) (~ de A a Z, etc.)	menyortir	[mənjortir]
transferir (vt)	mentransfer	[məntransfer]
programa (m)	program	[program]
software (m)	perangkat lunak	[pəraŋkat lunaʔ]
programador (m)	pemrogram	[pemrogram]
programar (vt)	memprogram	[memprogram]
hacker (m)	peretas	[pəretas]
contraseña (f)	kata sandi	[kata sandi]
virus (m)	virus	[virus]
detectar (vt)	mendeteksi	[məndeteksi]
octeto, byte (m)	bita	[bita]

megaocteto (m)	megabita	[megabita]
datos (m pl)	data	[data]
base (f) de datos	basis data, pangkalan data	[basis data], [paŋkalan data]

cable (m)	kabel	[kabel]
desconectar (vt)	melepaskan	[melepaskan]
conectar (vt)	menyambungkan	[mənjambuŋkan]

102. El internet. El correo electrónico

internet (m), red (f)	Internet	[internet]
navegador (m)	peramban	[peramban]
buscador (m)	mesin telusur	[mesin telusur]
proveedor (m)	provider	[provider]

webmaster (m)	webmaster, perancang web	[webmaster], [pərantʃaŋ web]
sitio (m) web	situs web	[situs web]
página (f) web	halaman web	[halaman web]

| dirección (f) | alamat | [alamat] |
| libro (m) de direcciones | buku alamat | [buku alamat] |

buzón (m)	kotak surat	[kota' surat]
correo (m)	surat	[surat]
lleno (adj)	penuh	[penuh]

mensaje (m)	pesan	[pesan]
correo (m) entrante	pesan masuk	[pesan masu']
correo (m) saliente	pesan keluar	[pesan keluar]

expedidor (m)	pengirim	[peɲirim]
enviar (vt)	mengirim	[məɲirim]
envío (m)	pengiriman	[peɲiriman]

| destinatario (m) | penerima | [penerima] |
| recibir (vt) | menerima | [mənerima] |

| correspondencia (f) | surat-menyurat | [surat-menyurat] |
| escribirse con ... | surat-menyurat | [surat-menyurat] |

archivo, fichero (m)	file, berkas	[file], [bərkas]
descargar (vt)	mengunduh	[məŋunduh]
crear (vt)	membuat	[membuat]
borrar (vt)	menghapus	[məŋhapus]
borrado (adj)	terhapus	[tərhapus]

conexión (f) (ADSL, etc.)	koneksi	[koneksi]
velocidad (f)	kecepatan	[ketʃepatan]
módem (m)	modem	[modem]
acceso (m)	akses	[akses]
puerto (m)	porta	[porta]

| conexión (f) (establecer la ~) | koneksi | [koneksi] |
| conectarse a ... | terhubung ke ... | [tərhubuŋ ke ...] |

seleccionar (vt)	memilih	[memilih]
buscar (vt)	mencari ...	[məntʃari ...]

103. La electricidad

electricidad (f)	listrik	[listriʔ]
eléctrico (adj)	listrik	[listriʔ]
central (f) eléctrica	pembangkit listrik	[pembaŋkit listriʔ]
energía (f)	energi, tenaga	[energi], [tenaga]
energía (f) eléctrica	tenaga listrik	[tenaga listriʔ]
bombilla (f)	bohlam	[bohlam]
linterna (f)	lentera	[lentera]
farola (f)	lampu jalan	[lampu dʒʲalan]
luz (f)	lampu	[lampu]
encender (vt)	menyalakan	[mənjalakan]
apagar (vt)	mematikan	[mematikan]
apagar la luz	mematikan lampu	[mematikan lampu]
quemarse (vr)	mati	[mati]
circuito (m) corto	korsleting	[korsletiŋ]
ruptura (f)	kabel putus	[kabel putus]
contacto (m)	kontak	[kontaʔ]
interruptor (m)	sakelar	[sakelar]
enchufe (m)	colokan	[tʃolokan]
clavija (f)	steker	[steker]
alargador (m)	kabel ekstensi	[kabel ekstensi]
fusible (m)	sekering	[sekeriŋ]
cable, hilo (m)	kabel, kawat	[kabel], [kawat]
instalación (f) eléctrica	rangkaian kabel	[raŋkajan kabel]
amperio (m)	ampere	[ampere]
amperaje (m)	kuat arus listrik	[kuat arus listriʔ]
voltio (m)	volt	[volt]
voltaje (m)	voltase	[voltase]
aparato (m) eléctrico	perkakas listrik	[pərkakas listriʔ]
indicador (m)	indikator	[indikator]
electricista (m)	tukang listrik	[tukaŋ listriʔ]
soldar (vt)	mematri	[mematri]
soldador (m)	besi solder	[besi solder]
corriente (f)	arus listrik	[arus listriʔ]

104. Las herramientas

instrumento (m)	alat	[alat]
instrumentos (m pl)	peralatan	[pəralatan]
maquinaria (f)	perlengkapan	[pərleŋkapan]

martillo (m)	martil, palu	[martil], [palu]
destornillador (m)	obeng	[obeŋ]
hacha (f)	kapak	[kapaʔ]
sierra (f)	gergaji	[gergadʒi]
serrar (vt)	menggergaji	[məŋgergadʒi]
cepillo (m)	serut	[serut]
cepillar (vt)	menyerut	[mənjerut]
soldador (m)	besi solder	[besi solder]
soldar (vt)	mematri	[mematri]
lima (f)	kikir	[kikir]
tenazas (f pl)	tang	[taŋ]
alicates (m pl)	catut	[tʃatut]
escoplo (m)	pahat	[pahat]
broca (f)	mata bor	[mata bor]
taladro (m)	bor listrik	[bor listriʔ]
taladrar (vi, vt)	mengebor	[məŋebor]
cuchillo (m)	pisau	[pisau]
filo (m)	mata pisau	[mata pisau]
agudo (adj)	tajam	[tadʒ'am]
embotado (adj)	tumpul	[tumpul]
embotarse (vr)	menjadi tumpul	[məndʒ'adi tumpul]
afilar (vt)	mengasah	[məŋasah]
perno (m)	baut	[baut]
tuerca (f)	mur	[mur]
filete (m)	ulir	[ulir]
tornillo (m)	sekrup	[sekrup]
clavo (m)	paku	[paku]
cabeza (f) del clavo	paku payung	[paku pajuŋ]
regla (f)	mistar, penggaris	[mistar], [peŋgaris]
cinta (f) métrica	meteran	[meteran]
nivel (m) de burbuja	pengukur kedataran	[peŋukur kedataran]
lupa (f)	kaca pembesar	[katʃa pembesar]
aparato (m) de medida	alat ukur	[alat ukur]
medir (vt)	mengukur	[məŋukur]
escala (f) (~ métrica)	skala	[skala]
lectura (f)	pencatatan	[pentʃatatan]
compresor (m)	kompresor	[kompresor]
microscopio (m)	mikroskop	[mikroskop]
bomba (f) (~ de agua)	pompa	[pompa]
robot (m)	robot	[robot]
láser (m)	laser	[laser]
llave (f) de tuerca	kunci pas	[kuntʃi pas]
cinta (f) adhesiva	selotip	[selotip]
cola (f), pegamento (m)	lem	[lem]

papel (m) de lija	kertas amplas	[kertas amplas]
resorte (m)	pegas, per	[pegas], [pər]
imán (m)	magnet	[magnet]
guantes (m pl)	sarung tangan	[saruŋ taŋan]
cuerda (f)	tali	[tali]
cordón (m)	tambang, tali	[tambaŋ], [tali]
hilo (m) (~ eléctrico)	kabel, kawat	[kabel], [kawat]
cable (m)	kabel, kawat	[kabel], [kawat]
almádana (f)	palu godam	[palu godam]
barra (f)	linggis	[liŋgis]
escalera (f) portátil	tangga	[taŋga]
escalera (f) de tijera	tangga	[taŋga]
atornillar (vt)	mengencangkan	[məŋentʃaŋkan]
destornillar (vt)	mengendurkan	[məŋendurkan]
apretar (vt)	mengencangkan	[məŋentʃaŋkan]
pegar (vt)	menempelkan	[mənempelkan]
cortar (vt)	memotong	[memotoŋ]
fallo (m)	malafungsi, kerusakan	[malafuŋsi], [kerusakan]
reparación (f)	perbaikan	[pərbajkan]
reparar (vt)	mereparasi, memperbaiki	[mereparasi], [memperbajki]
regular, ajustar (vt)	menyetel	[mənetel]
verificar (vt)	memeriksa	[memeriksa]
control (m)	pemeriksaan	[pemeriksaʔan]
lectura (f) (~ del contador)	pencatatan	[pentʃatatan]
fiable (máquina)	andal	[andal]
complicado (adj)	rumit	[rumit]
oxidarse (vr)	berkarat, karatan	[bərkarat], [karatan]
oxidado (adj)	berkarat, karatan	[bərkarat], [karatan]
óxido (m)	karat	[karat]

El transporte

105. El avión

avión (m)	pesawat terbang	[pesawat tərbaŋ]
billete (m) de avión	tiket pesawat terbang	[tiket pesawat tərbaŋ]
compañía (f) aérea	maskapai penerbangan	[maskapaj penerbaŋan]
aeropuerto (m)	bandara	[bandara]
supersónico (adj)	supersonik	[supersoniʔ]
comandante (m)	kapten	[kapten]
tripulación (f)	awak	[awaʔ]
piloto (m)	pilot	[pilot]
azafata (f)	pramugari	[pramugari]
navegador (m)	navigator, penavigasi	[navigator], [penavigasi]
alas (f pl)	sayap	[sajap]
cola (f)	ekor	[ekor]
cabina (f)	kokpit	[kokpit]
motor (m)	mesin	[mesin]
tren (m) de aterrizaje	roda pendarat	[roda pendarat]
turbina (f)	turbin	[turbin]
hélice (f)	baling-baling	[baliŋ-baliŋ]
caja (f) negra	kotak hitam	[kotaʔ hitam]
timón (m)	kemudi	[kemudi]
combustible (m)	bahan bakar	[bahan bakar]
instructivo (m) de seguridad	instruksi keselamatan	[instruksi keselamatan]
respirador (m) de oxígeno	masker oksigen	[masker oksigen]
uniforme (m)	seragam	[seragam]
chaleco (m) salvavidas	jaket pelampung	[dʒʲaket pelampuŋ]
paracaídas (m)	parasut	[parasut]
despegue (m)	lepas landas	[lepas landas]
despegar (vi)	bertolak	[bərtolaʔ]
pista (f) de despegue	jalur lepas landas	[dʒʲalur lepas landas]
visibilidad (f)	visibilitas, pandangan	[visibilitas], [pandaŋan]
vuelo (m)	penerbangan	[penerbaŋan]
altura (f)	ketinggian	[ketiŋgian]
pozo (m) de aire	lubang udara	[lubaŋ udara]
asiento (m)	tempat duduk	[tempat duduʔ]
auriculares (m pl)	headphone, fonkepala	[headphone], [fonkepala]
mesita (f) plegable	meja lipat	[medʒʲa lipat]
ventana (f)	jendela pesawat	[dʒʲendela pesawat]
pasillo (m)	lorong	[loroŋ]

106. El tren

tren (m)	kereta api	[kereta api]
tren (m) de cercanías	kereta api listrik	[kereta api listri']
tren (m) rápido	kereta api cepat	[kereta api tʃepat]
locomotora (f) diésel	lokomotif diesel	[lokomotif disel]
tren (m) de vapor	lokomotif uap	[lokomotif uap]
coche (m)	gerbong penumpang	[gerboŋ penumpaŋ]
coche (m) restaurante	gerbong makan	[gerboŋ makan]
rieles (m pl)	rel	[rel]
ferrocarril (m)	rel kereta api	[rel kereta api]
traviesa (f)	bantalan rel	[bantalan rel]
plataforma (f)	platform	[platform]
vía (f)	jalur	[dʒʲalur]
semáforo (m)	semafor	[semafor]
estación (f)	stasiun	[stasiun]
maquinista (m)	masinis	[masinis]
maletero (m)	porter	[porter]
mozo (m) del vagón	kondektur	[kondektur]
pasajero (m)	penumpang	[penumpaŋ]
revisor (m)	kondektur	[kondektur]
corredor (m)	koridor	[koridor]
freno (m) de urgencia	rem darurat	[rem darurat]
compartimiento (m)	kabin	[kabin]
litera (f)	bangku	[baŋku]
litera (f) de arriba	bangku atas	[baŋku atas]
litera (f) de abajo	bangku bawah	[baŋku bawah]
ropa (f) de cama	kain kasur	[kain kasur]
billete (m)	tiket	[tiket]
horario (m)	jadwal	[dʒʲadwal]
pantalla (f) de información	layar informasi	[lajar informasi]
partir (vi)	berangkat	[beraŋkat]
partida (f) (del tren)	keberangkatan	[keberaŋkatan]
llegar (tren)	datang	[dataŋ]
llegada (f)	kedatangan	[kedataŋan]
llegar en tren	datang naik kereta api	[dataŋ naj' kereta api]
tomar el tren	naik ke kereta	[nai' ke kereta]
bajar del tren	turun dari kereta	[turun dari kereta]
descarrilamiento (m)	kecelakaan kereta	[ketʃelaka'an kereta]
descarrilarse (vr)	keluar rel	[keluar rel]
tren (m) de vapor	lokomotif uap	[lokomotif uap]
fogonero (m)	juru api	[dʒʲuru api]
hogar (m)	tungku	[tuŋku]
carbón (m)	batu bara	[batu bara]

107. El barco

barco, buque (m)	kapal	[kapal]
navío (m)	kapal	[kapal]
buque (m) de vapor	kapal uap	[kapal uap]
motonave (f)	kapal api	[kapal api]
trasatlántico (m)	kapal laut	[kapal laut]
crucero (m)	kapal penjelajah	[kapal pendʒʲeladʒʲah]
yate (m)	perahu pesiar	[pərahu pesiar]
remolcador (m)	kapal tunda	[kapal tunda]
barcaza (f)	tongkang	[toŋkaŋ]
ferry (m)	feri	[feri]
velero (m)	kapal layar	[kapal lajar]
bergantín (m)	kapal brigantin	[kapal brigantin]
rompehielos (m)	kapal pemecah es	[kapal pemetʃah es]
submarino (m)	kapal selam	[kapal selam]
bote (m) de remo	perahu	[pərahu]
bote (m)	sekoci	[sekotʃi]
bote (m) salvavidas	sekoci penyelamat	[sekotʃi penjelamat]
lancha (f) motora	perahu motor	[pərahu motor]
capitán (m)	kapten	[kapten]
marinero (m)	kelasi	[kelasi]
marino (m)	pelaut	[pelaut]
tripulación (f)	awak	[awaʔ]
contramaestre (m)	bosman, bosun	[bosman], [bosun]
grumete (m)	kadet laut	[kadet laut]
cocinero (m) de abordo	koki	[koki]
médico (m) del buque	dokter kapal	[dokter kapal]
cubierta (f)	dek	[deʔ]
mástil (m)	tiang	[tiaŋ]
vela (f)	layar	[lajar]
bodega (f)	lambung kapal	[lambuŋ kapal]
proa (f)	haluan	[haluan]
popa (f)	buritan	[buritan]
remo (m)	dayung	[dajuŋ]
hélice (f)	baling-baling	[baliŋ-baliŋ]
camarote (m)	kabin	[kabin]
sala (f) de oficiales	ruang rekreasi	[ruaŋ rekreasi]
sala (f) de máquinas	ruang mesin	[ruaŋ mesin]
puente (m) de mando	anjungan kapal	[andʒʲuŋan kapal]
sala (f) de radio	ruang radio	[ruaŋ radio]
onda (f)	gelombang radio	[gelombaŋ radio]
cuaderno (m) de bitácora	buku harian kapal	[buku harian kapal]
anteojo (m)	teropong	[təropoŋ]
campana (f)	lonceng	[lontʃeŋ]

bandera (f)	bendera	[bendera]
cabo (m) (maroma)	tali	[tali]
nudo (m)	simpul	[simpul]
pasamano (m)	pegangan	[pegaŋan]
pasarela (f)	tangga kapal	[taŋga kapal]
ancla (f)	jangkar	[dʒʲaŋkar]
levar ancla	mengangkat jangkar	[mənaŋkat dʒʲaŋkar]
echar ancla	menjatuhkan jangkar	[məndʒʲatuhkan dʒʲaŋkar]
cadena (f) del ancla	rantai jangkar	[rantaj dʒʲaŋkar]
puerto (m)	pelabuhan	[pelabuhan]
embarcadero (m)	dermaga	[dermaga]
amarrar (vt)	merapat	[merapat]
desamarrar (vt)	bertolak	[bərtolaʔ]
viaje (m)	pengembaraan	[peɲembaraʔan]
crucero (m) (viaje)	pesiar	[pesiar]
derrota (f) (rumbo)	haluan	[haluan]
itinerario (m)	rute	[rute]
bajío (m)	beting	[betiŋ]
encallar (vi)	kandas	[kandas]
tempestad (f)	badai	[badaj]
señal (f)	sinyal	[sinjal]
hundirse (vr)	tenggelam	[teŋgelam]
¡Hombre al agua!	Orang hanyut!	[oraŋ hanyut!]
SOS	SOS	[es-o-es]
aro (m) salvavidas	pelampung penyelamat	[pelampuŋ peɲelamat]

108. El aeropuerto

aeropuerto (m)	bandara	[bandara]
avión (m)	pesawat terbang	[pesawat tərbaŋ]
compañía (f) aérea	maskapai penerbangan	[maskapaj penerbaŋan]
controlador (m) aéreo	pengawas lalu lintas udara	[peɲawas lalu lintas udara]
despegue (m)	keberangkatan	[keberaŋkatan]
llegada (f)	kedatangan	[kedataŋan]
llegar (en avión)	datang	[dataŋ]
hora (f) de salida	waktu keberangkatan	[waktu keberaŋkatan]
hora (f) de llegada	waktu kedatangan	[waktu kedataŋan]
retrasarse (vr)	terlambat	[tərlambat]
retraso (m) de vuelo	penundaan penerbangan	[penundaʔan penerbaŋan]
pantalla (f) de información	papan informasi	[papan informasi]
información (f)	informasi	[informasi]
anunciar (vt)	mengumumkan	[meɲumumkan]
vuelo (m)	penerbangan	[penerbaŋan]
aduana (f)	pabean	[pabean]

aduanero (m)	petugas pabean	[petugas pabean]
declaración (f) de aduana	pernyataan pabean	[pərnjataʔan pabean]
rellenar (vt)	mengisi	[mənisi]
rellenar la declaración	mengisi formulir bea cukai	[mənisi formulir bea ʧukaj]
control (m) de pasaportes	pemeriksaan paspor	[pemeriksaʔan paspor]
equipaje (m)	bagasi	[bagasi]
equipaje (m) de mano	jinjingan	[ʤinʤiŋan]
carrito (m) de equipaje	troli bagasi	[troli bagasi]
aterrizaje (m)	pendaratan	[pendaratan]
pista (f) de aterrizaje	jalur pendaratan	[ʤʲalur pendaratan]
aterrizar (vi)	mendarat	[məndarat]
escaleras (f pl) (de avión)	tangga pesawat	[taŋga pesawat]
facturación (f) (check-in)	check-in	[ʧekin]
mostrador (m) de facturación	meja check-in	[meʤʲa ʧekin]
hacer el check-in	check-in	[ʧekin]
tarjeta (f) de embarque	kartu pas	[kartu pas]
puerta (f) de embarque	gerbang keberangkatan	[gerbaŋ keberaŋkatan]
tránsito (m)	transit	[transit]
esperar (aguardar)	menunggu	[mənuŋgu]
zona (f) de preembarque	ruang tunggu	[ruaŋ tuŋgu]
despedir (vt)	mengantar	[məŋantar]
despedirse (vr)	berpamitan	[bərpamitan]

Acontecimentos de la vida

109. Los días festivos. Los eventos

fiesta (f)	perayaan	[pəraja'an]
fiesta (f) nacional	hari besar nasional	[hari besar nasional]
día (m) de fiesta	hari libur	[hari libur]
celebrar (vt)	merayakan	[merajakan]

evento (m)	peristiwa, kejadian	[pəristiwa], [kedʒʲadian]
medida (f)	acara	[atʃara]
banquete (m)	banket	[banket]
recepción (f)	resepsi	[resepsi]
festín (m)	pesta	[pesta]

aniversario (m)	hari jadi, HUT	[hari dʒʲadi], [ha-u-te]
jubileo (m)	yubileum	[yubileum]

Año (m) Nuevo	Tahun Baru	[tahun baru]
¡Feliz Año Nuevo!	Selamat Tahun Baru!	[selamat tahun baru!]
Papá Noel (m)	Sinterklas	[sinterklas]

Navidad (f)	Natal	[natal]
¡Feliz Navidad!	Selamat Hari Natal!	[selamat hari natal!]
árbol (m) de Navidad	pohon Natal	[pohon natal]
fuegos (m pl) artificiales	kembang api	[kembaŋ api]

boda (f)	pernikahan	[pərnikahan]
novio (m)	mempelai lelaki	[mempelaj lelaki]
novia (f)	mempelai perempuan	[mempelaj pərempuan]

invitar (vt)	mengundang	[məŋundaŋ]
tarjeta (f) de invitación	kartu undangan	[kartu undaŋan]

invitado (m)	tamu	[tamu]
visitar (vt) (a los amigos)	mengunjungi	[məŋundʒʲuɲi]
recibir a los invitados	menyambut tamu	[məɲambut tamu]

regalo (m)	hadiah	[hadiah]
regalar (vt)	memberi	[memberi]
recibir regalos	menerima hadiah	[mənerima hadiah]
ramo (m) de flores	buket	[buket]

felicitación (f)	ucapan selamat	[utʃapan selamat]
felicitar (vt)	mengucapkan selamat	[məŋutʃapkan selamat]

tarjeta (f) de felicitación	kartu ucapan selamat	[kartu utʃapan selamat]
enviar una tarjeta	mengirim kartu pos	[məɲirim kartu pos]
recibir una tarjeta	menerima kartu pos	[mənerima kartu pos]
brindis (m)	toas	[toas]

| ofrecer (~ una copa) | menawari | [mənawari] |
| champaña (f) | sampanye | [sampanje] |

divertirse (vr)	bersukaria	[bərsukaria]
diversión (f)	keriangan, kegembiraan	[kerianjan], [kegembira'an]
alegría (f) (emoción)	kegembiraan	[kegembira'an]

| baile (m) | dansa, tari | [dansa], [tari] |
| bailar (vi, vt) | berdansa, menari | [bərdansa], [menari] |

| vals (m) | wals | [wals] |
| tango (m) | tango | [tanjo] |

110. Los funerales. El entierro

cementerio (m)	pemakaman	[pemakaman]
tumba (f)	makam	[makam]
cruz (f)	salib	[salib]
lápida (f)	batu nisan	[batu nisan]
verja (f)	pagar	[pagar]
capilla (f)	kapel	[kapel]

muerte (f)	kematian	[kematian]
morir (vi)	mati, meninggal	[mati], [meninjgal]
difunto (m)	almarhum	[almarhum]
luto (m)	perkabungan	[pərkabunjan]

enterrar (vt)	memakamkan	[memakamkan]
funeraria (f)	rumah duka	[rumah duka]
entierro (m)	pemakaman	[pemakaman]

corona (f) funeraria	karangan bunga	[karanjan bunja]
ataúd (m)	keranda	[keranda]
coche (m) fúnebre	mobil jenazah	[mobil dʒjenazah]
mortaja (f)	kain kafan	[kain kafan]

cortejo (m) fúnebre	prosesi pemakaman	[prosesi pemakaman]
urna (f) funeraria	guci abu jenazah	[gutʃi abu dʒjenazah]
crematorio (m)	krematorium	[krematorium]

necrología (f)	obituarium	[obituarium]
llorar (vi)	menangis	[mənanjis]
sollozar (vi)	meratap	[meratap]

111. La guerra. Los soldados

sección (f)	peleton	[peleton]
compañía (f)	kompi	[kompi]
regimiento (m)	resimen	[resimen]
ejército (m)	tentara	[tentara]
división (f)	divisi	[divisi]
destacamento (m)	pasukan	[pasukan]

hueste (f)	tentara	[tentara]
soldado (m)	tentara, serdadu	[tentara], [serdadu]
oficial (m)	perwira	[pərwira]

soldado (m) raso	prajurit	[pradʒʲurit]
sargento (m)	sersan	[sersan]
teniente (m)	letnan	[letnan]
capitán (m)	kapten	[kapten]
mayor (m)	mayor	[major]
coronel (m)	kolonel	[kolonel]
general (m)	jenderal	[dʒʲenderal]

marino (m)	pelaut	[pelaut]
capitán (m)	kapten	[kapten]
contramaestre (m)	bosman, bosun	[bosman], [bosun]

artillero (m)	tentara artileri	[tentara artileri]
paracaidista (m)	pasukan penerjun	[pasukan penerdʒʲun]
piloto (m)	pilot	[pilot]
navegador (m)	navigator, penavigasi	[navigator], [penavigasi]
mecánico (m)	mekanik	[mekaniʔ]

zapador (m)	pencari ranjau	[pentʃari randʒʲau]
paracaidista (m)	parasutis	[parasutis]
explorador (m)	pengintai	[peɲintaj]
francotirador (m)	penembak jitu	[penembaʔ dʒitu]

patrulla (f)	patroli	[patroli]
patrullar (vi, vt)	berpatroli	[bərpatroli]
centinela (m)	pengawal	[peŋawal]

guerrero (m)	prajurit	[pradʒʲurit]
patriota (m)	patriot	[patriot]
héroe (m)	pahlawan	[pahlawan]
heroína (f)	pahlawan wanita	[pahlawan wanita]

traidor (m)	pengkhianat	[peŋhianat]
traicionar (vt)	mengkhianati	[məŋhianati]

desertor (m)	desertir	[desertir]
desertar (vi)	melakukan desersi	[melakukan desersi]

mercenario (m)	tentara bayaran	[tentara bajaran]
recluta (m)	rekrut, calon tentara	[rekrut], [tʃalon tentara]
voluntario (m)	sukarelawan	[sukarelawan]

muerto (m)	korban meninggal	[korban meniŋgal]
herido (m)	korban luka	[korban luka]
prisionero (m)	tawanan perang	[tawanan peraŋ]

112. La guerra. El ámbito militar. Unidad 1

guerra (f)	perang	[peraŋ]
estar en guerra	berperang	[bərperaŋ]

Español	Indonesio	Pronunciación
guerra (f) civil	perang saudara	[pəraŋ saudara]
pérfidamente (adv)	secara curang	[setʃara tʃuraŋ]
declaración (f) de guerra	pernyataan perang	[pərnjataʔan pəraŋ]
declarar (~ la guerra)	menyatakan perang	[mənjatakan pəraŋ]
agresión (f)	agresi	[agresi]
atacar (~ a un país)	menyerang	[mənjeraŋ]
invadir (vt)	menduduki	[mənduduki]
invasor (m)	penduduk	[pendudu']
conquistador (m)	penakluk	[penaklu']
defensa (f)	pertahanan	[pərtahanan]
defender (vt)	mempertahankan	[mempertahankan]
defenderse (vr)	bertahan ...	[bərtahan ...]
enemigo (m)	musuh	[musuh]
adversario (m)	lawan	[lawan]
enemigo (adj)	musuh	[musuh]
estrategia (f)	strategi	[strategi]
táctica (f)	taktik	[taktiʔ]
orden (f)	perintah	[pərintah]
comando (m)	perintah	[pərintah]
ordenar (vt)	memerintahkan	[memerintahkan]
misión (f)	tugas	[tugas]
secreto (adj)	rahasia	[rahasia]
batalla (f)	pertempuran	[pərtempuran]
combate (m)	pertempuran	[pərtempuran]
ataque (m)	serangan	[seraŋan]
asalto (m)	serbuan	[serbuan]
tomar por asalto	menyerbu	[mənjerbu]
asedio (m), sitio (m)	kepungan	[kepuŋan]
ofensiva (f)	serangan	[seraŋan]
tomar la ofensiva	menyerang	[mənjeraŋ]
retirada (f)	pengunduran	[peŋunduran]
retirarse (vr)	mundur	[mundur]
envolvimiento (m)	pengepungan	[peŋepuŋan]
cercar (vt)	mengepung	[məŋepuŋ]
bombardeo (m)	pengeboman	[peŋeboman]
lanzar una bomba	menjatuhkan bom	[məndʒʲatuhkan bom]
bombear (vt)	mengebom	[məŋebom]
explosión (f)	ledakan	[ledakan]
tiro (m), disparo (m)	tembakan	[tembakan]
disparar (vi)	melepaskan	[melepaskan]
tiro (m) (de artillería)	penembakan	[penembakan]
apuntar a ...	membidik	[membidiʔ]
encarar (apuntar)	mengarahkan	[məŋarahkan]

alcanzar (el objetivo)	mengenai	[məŋenaj]
hundir (vt)	menenggelamkan	[mənəŋgelamkan]
brecha (f) (~ en el casco)	lubang	[lubaŋ]
hundirse (vr)	karam	[karam]

frente (m)	garis depan	[garis depan]
evacuación (f)	evakuasi	[evakuasi]
evacuar (vt)	mengevakuasi	[məŋevakuasi]

trinchera (f)	parit perlindungan	[parit pərlinduŋan]
alambre (m) de púas	kawat berduri	[kawat bərduri]
barrera (f) (~ antitanque)	rintangan	[rintaŋan]
torre (f) de vigilancia	menara	[mənara]

hospital (m)	rumah sakit militer	[rumah sakit militer]
herir (vt)	melukai	[melukaj]
herida (f)	luka	[luka]
herido (m)	korban luka	[korban luka]
recibir una herida	terluka	[tərluka]
grave (herida)	parah	[parah]

113. La guerra. El ámbito militar. Unidad 2

cautiverio (m)	tawanan	[tawanan]
capturar (vt)	menawan	[mənawan]
estar en cautiverio	ditawan	[ditawan]
caer prisionero	tertawan	[tərtawan]

campo (m) de concentración	kamp konsentrasi	[kamp konsentrasi]
prisionero (m)	tawanan perang	[tawanan pəraŋ]
escapar (de cautiverio)	melarikan diri	[melarikan diri]

traicionar (vt)	mengkhianati	[məŋhianati]
traidor (m)	pengkhianat	[peŋhianat]
traición (f)	pengkhianatan	[peŋhianatan]

| fusilar (vt) | mengeksekusi | [məŋeksekusi] |
| fusilamiento (m) | eksekusi | [eksekusi] |

equipo (m) (uniforme, etc.)	perlengkapan	[pərleŋkapan]
hombrera (f)	epolet	[epolet]
máscara (f) antigás	masker gas	[masker gas]

radio transmisor (m)	pemancar radio	[pemantʃar radio]
cifra (f) (código)	kode	[kode]
conspiración (f)	kerahasiaan	[kerahasia'an]
contraseña (f)	kata sandi	[kata sandi]

mina (f) terrestre	ranjau darat	[randʒʲau darat]
minar (poner minas)	memasang ranjau	[memasaŋ randʒʲau]
campo (m) minado	padang yang dipenuhi ranjau	[padaŋ yaŋ dipenuhi randʒʲau]

| alarma (f) aérea | peringatan serangan udara | [pəriŋatan seraŋan udara] |
| alarma (f) | alarm serangan udara | [alarm seraŋan udara] |

| señal (f) | sinyal | [sinjal] |
| cohete (m) de señales | roket sinyal | [roket sinjal] |

estado (m) mayor	markas	[markas]
reconocimiento (m)	pengintaian	[peɲintajan]
situación (f)	keadaan	[keada'an]
informe (m)	laporan	[laporan]
emboscada (f)	penyergapan	[penjergapan]
refuerzo (m)	bala bantuan	[bala bantuan]

blanco (m)	sasaran	[sasaran]
terreno (m) de prueba	lapangan tembak	[lapaŋan temba']
maniobras (f pl)	latihan perang	[latihan pəraŋ]

pánico (m)	panik	[pani']
devastación (f)	pengrusakan	[peɲrusakan]
destrucciones (f pl)	penghancuran	[peŋhantʃuran]
destruir (vt)	menghancurkan	[məŋhantʃurkan]

sobrevivir (vi, vt)	menyintas	[mənjintas]
desarmar (vt)	melucuti	[melutʃuti]
manejar (un arma)	mengendalikan	[məŋendalikan]

| ¡Firmes! | Siap! | [siap!] |
| ¡Descanso! | Istirahat di tempat! | [istirahat di tempat!] |

hazaña (f)	keberanian	[keberanian]
juramento (m)	sumpah	[sumpah]
jurar (vt)	bersumpah	[bərsumpah]

condecoración (f)	anugerah	[anugerah]
condecorar (vt)	menganugerahi	[məŋanugerahi]
medalla (f)	medali	[medali]
orden (m) (~ de Merito)	bintang kehormatan	[bintaŋ kehormatan]

victoria (f)	kemenangan	[kemenaŋan]
derrota (f)	kekalahan	[kekalahan]
armisticio (m)	gencatan senjata	[gentʃatan sendʒʲata]

bandera (f)	bendera	[bendera]
gloria (f)	kehormatan	[kehormatan]
desfile (m) militar	parade	[parade]
marchar (desfilar)	berbaris	[bərbaris]

114. Las armas

arma (f)	senjata	[sendʒʲata]
arma (f) de fuego	senjata api	[sendʒʲata api]
arma (f) blanca	sejata tajam	[sedʒʲata tadʒʲam]

arma (f) química	senjata kimia	[sendʒʲata kimia]
nuclear (adj)	nuklir	[nuklir]
arma (f) nuclear	senjata nuklir	[sendʒʲata nuklir]
bomba (f)	bom	[bom]

bomba (f) atómica	bom atom	[bom atom]
pistola (f)	pistol	[pistol]
fusil (m)	senapan	[senapan]
metralleta (f)	senapan otomatis	[senapan otomatis]
ametralladora (f)	senapan mesin	[senapan mesin]
boca (f)	moncong	[montʃoŋ]
cañón (m) (del arma)	laras	[laras]
calibre (m)	kaliber	[kaliber]
gatillo (m)	pelatuk	[pelatuʔ]
alza (f)	pembidik	[pembidiʔ]
cargador (m)	magasin	[magasin]
culata (f)	pantat senapan	[pantat senapan]
granada (f) de mano	granat tangan	[granat taŋan]
explosivo (m)	bahan peledak	[bahan peledaʔ]
bala (f)	peluru	[peluru]
cartucho (m)	patrun	[patrun]
carga (f)	isian	[isian]
pertrechos (m pl)	amunisi	[amunisi]
bombardero (m)	pesawat pengebom	[pesawat peŋebom]
avión (m) de caza	pesawat pemburu	[pesawat pemburu]
helicóptero (m)	helikopter	[helikopter]
antiaéreo (m)	meriam penangkis serangan udara	[meriam penaŋkis seraŋan udara]
tanque (m)	tank	[tanʔ]
cañón (m) (de un tanque)	meriam tank	[meriam tanʔ]
artillería (f)	artileri	[artileri]
cañón (m) (arma)	meriam	[meriam]
dirigir (un misil, etc.)	mengarahkan	[məŋarahkan]
mortero (m)	mortir	[mortir]
bomba (f) de mortero	peluru mortir	[peluru mortir]
obús (m)	peluru	[peluru]
trozo (m) de obús	serpihan	[serpihan]
submarino (m)	kapal selam	[kapal selam]
torpedo (m)	torpedo	[torpedo]
misil (m)	rudal	[rudal]
cargar (pistola)	mengisi	[məŋisi]
tirar (vi)	menembak	[mənembaʔ]
apuntar a ...	membidik	[membidiʔ]
bayoneta (f)	bayonet	[bajonet]
espada (f) (duelo a ~)	pedang rapier	[pedaŋ rapier]
sable (m)	pedang saber	[pedaŋ saber]
lanza (f)	lembing	[lembiŋ]
arco (m)	busur panah	[busur panah]
flecha (f)	anak panah	[anaʔ panah]
mosquete (m)	senapan lantak	[senapan lantaʔ]
ballesta (f)	busur silang	[busur silaŋ]

115. Los pueblos antiguos

primitivo (adj)	primitif	[primitif]
prehistórico (adj)	prasejarah	[prasedʒˈarah]
antiguo (adj)	kuno	[kuno]
Edad (f) de Piedra	Zaman Batu	[zaman batu]
Edad (f) de Bronce	Zaman Perunggu	[zaman pəruŋgu]
Edad (f) de Hielo	Zaman Es	[zaman es]
tribu (f)	suku	[suku]
caníbal (m)	kanibal	[kanibal]
cazador (m)	pemburu	[pemburu]
cazar (vi, vt)	berburu	[bərburu]
mamut (m)	mamut	[mamut]
caverna (f)	gua	[gua]
fuego (m)	api	[api]
hoguera (f)	api unggun	[api uŋgun]
pintura (f) rupestre	lukisan gua	[lukisan gua]
herramienta (f), útil (m)	alat kerja	[alat kerdʒˈa]
lanza (f)	tombak	[tombaʔ]
hacha (f) de piedra	kapak batu	[kapaʔ batu]
estar en guerra	berperang	[bərperaŋ]
domesticar (vt)	menjinakkan	[məndʒinaʔkan]
ídolo (m)	berhala	[bərhala]
adorar (vt)	memuja	[memudʒˈa]
superstición (f)	takhayul	[tahajul]
rito (m)	upacara	[upatʃara]
evolución (f)	evolusi	[evolusi]
desarrollo (m)	perkembangan	[pərkembaŋan]
desaparición (f)	kehilangan	[kehilaŋan]
adaptarse (vr)	menyesuaikan diri	[mənjesuajkan diri]
arqueología (f)	arkeologi	[arkeologi]
arqueólogo (m)	arkeolog	[arkeolog]
arqueológico (adj)	arkeologis	[arkeologis]
sitio (m) de excavación	situs ekskavasi	[situs ekskavasi]
excavaciones (f pl)	ekskavasi	[ekskavasi]
hallazgo (m)	penemuan	[penemuan]
fragmento (m)	fragmen	[fragmen]

116. La Edad Media

pueblo (m)	rakyat	[rakjat]
pueblos (m pl)	bangsa-bangsa	[baŋsa-baŋsa]
tribu (f)	suku	[suku]
tribus (f pl)	suku-suku	[suku-suku]
bárbaros (m pl)	kaum barbar	[kaum barbar]

galos (m pl)	kaum Gaul	[kaum gaul]
godos (m pl)	kaum Goth	[kaum got]
eslavos (m pl)	kaum Slavia	[kaum slavia]
vikingos (m pl)	kaum Viking	[kaum vikiŋ]
romanos (m pl)	kaum Roma	[kaum roma]
romano (adj)	Romawi	[romawi]
bizantinos (m pl)	kaum Byzantium	[kaum bizantium]
Bizancio (m)	Byzantium	[bizantium]
bizantino (adj)	Byzantium	[bizantium]
emperador (m)	kaisar	[kajsar]
jefe (m)	pemimpin	[pemimpin]
poderoso (adj)	adikuasa, berkuasa	[adikuasa], [bərkuasa]
rey (m)	raja	[radʒʲa]
gobernador (m)	penguasa	[peŋuasa]
caballero (m)	ksatria	[ksatria]
señor (m) feudal	tuan	[tuan]
feudal (adj)	feodal	[feodal]
vasallo (m)	vasal	[vasal]
duque (m)	duke	[duke]
conde (m)	earl	[earl]
barón (m)	baron	[baron]
obispo (m)	uskup	[uskup]
armadura (f)	baju besi	[badʒʲu besi]
escudo (m)	perisai	[pərisaj]
espada (f) (danza de ~s)	pedang	[pedaŋ]
visera (f)	visor, topeng besi	[visor], [topeŋ besi]
cota (f) de malla	baju zirah	[badʒʲu zirah]
cruzada (f)	Perang Salib	[peraŋ salib]
cruzado (m)	kaum salib	[kaum salib]
territorio (m)	wilayah	[wilajah]
atacar (~ a un país)	menyerang	[mənjeraŋ]
conquistar (vt)	menaklukkan	[mənaklu'kan]
ocupar (invadir)	menduduki	[mənduduki]
asedio (m), sitio (m)	kepungan	[kepuŋan]
sitiado (adj)	terkepung	[tərkepuŋ]
asediar, sitiar (vt)	mengepung	[məŋepuŋ]
inquisición (f)	inkuisisi	[inkuisisi]
inquisidor (m)	inkuisitor	[inkuisitor]
tortura (f)	siksaan	[siksa'an]
cruel (adj)	kejam	[kedʒʲam]
hereje (m)	penganut bidah	[peŋanut bidah]
herejía (f)	bidah	[bidah]
navegación (f) marítima	pelayaran laut	[pelajaran laut]
pirata (m)	bajak laut	[badʒʲa' laut]
piratería (f)	pembajakan	[pembadʒʲakan]

abordaje (m)	serangan terhadap kapal dari dekat	[seraŋan tərhadap kapal dari dekat]
botín (m)	rampasan	[rampasan]
tesoros (m pl)	harta karun	[harta karun]

descubrimiento (m)	penemuan	[penemuan]
descubrir (tierras nuevas)	menemukan	[mənemukan]
expedición (f)	ekspedisi	[ekspedisi]

mosquetero (m)	musketir	[musketir]
cardenal (m)	kardinal	[kardinal]
heráldica (f)	heraldik	[heraldiʼ]
heráldico (adj)	heraldik	[heraldiʼ]

117. El líder. El jefe. Las autoridades

rey (m)	raja	[radʒˡa]
reina (f)	ratu	[ratu]
real (adj)	kerajaan, raja	[keradʒˡaʼan], [radʒˡa]
reino (m)	kerajaan	[keradʒˡaʼan]

| príncipe (m) | pangeran | [paŋeran] |
| princesa (f) | putri | [putri] |

presidente (m)	presiden	[presiden]
vicepresidente (m)	wakil presiden	[wakil presiden]
senador (m)	senator	[senator]

monarca (m)	monark	[monarʼ]
gobernador (m)	penguasa	[peŋuasa]
dictador (m)	diktator	[diktator]
tirano (m)	tiran	[tiran]
magnate (m)	magnat	[magnat]
director (m)	direktur	[direktur]
jefe (m)	atasan	[atasan]
gerente (m)	manajer	[manadʒˡer]
amo (m)	bos	[bos]
dueño (m)	pemilik	[pemiliʼ]

jefe (m), líder (m)	pemimpin	[pemimpin]
jefe (m) (~ de delegación)	kepala	[kepala]
autoridades (f pl)	pihak berwenang	[pihaʼ bərwenaŋ]
superiores (m pl)	atasan	[atasan]

gobernador (m)	gabernur	[gabernur]
cónsul (m)	konsul	[konsul]
diplomático (m)	diplomat	[diplomat]
alcalde (m)	walikota	[walikota]
sheriff (m)	sheriff	[ʃeriff]

emperador (m)	kaisar	[kajsar]
zar (m)	tsar, raja	[tsar], [radʒˡa]
faraón (m)	firaun	[firaun]
jan (m), kan (m)	khan	[han]

118. Violar la ley. Los criminales. Unidad 1

bandido (m)	bandit	[bandit]
crimen (m)	kejahatan	[kedʒ'ahatan]
criminal (m)	penjahat	[pendʒ'ahat]
ladrón (m)	pencuri	[pentʃuri]
robar (vt)	mencuri	[məntʃuri]
robo (m)	pencurian	[pentʃurian]
secuestrar (vt)	menculik	[məntʃuliʔ]
secuestro (m)	penculikan	[pentʃulikan]
secuestrador (m)	penculik	[pentʃuliʔ]
rescate (m)	uang tebusan	[uaŋ tebusan]
exigir un rescate	menuntut uang tebusan	[mənuntut uaŋ tebusan]
robar (vt)	merampok	[merampoʔ]
robo (m)	perampokan	[pərampokan]
atracador (m)	perampok	[pərampoʔ]
extorsionar (vt)	memeras	[memeras]
extorsionista (m)	pemeras	[pemeras]
extorsión (f)	pemerasan	[pemerasan]
matar, asesinar (vt)	membunuh	[membunuh]
asesinato (m)	pembunuhan	[pembunuhan]
asesino (m)	pembunuh	[pembunuh]
tiro (m), disparo (m)	tembakan	[tembakan]
disparar (vi)	melepaskan	[melepaskan]
matar (a tiros)	menembak mati	[mənembaʔ mati]
tirar (vi)	menembak	[mənembaʔ]
tiroteo (m)	penembakan	[penembakan]
incidente (m)	insiden, kejadian	[insiden], [kedʒ'adian]
pelea (f)	perkelahian	[pərkelahian]
¡Socorro!	Tolong!	[toloŋ!]
víctima (f)	korban	[korban]
perjudicar (vt)	merusak	[merusaʔ]
daño (m)	kerusakan	[kerusakan]
cadáver (m)	jenazah, mayat	[dʒ'enazah], [majat]
grave (un delito ~)	berat	[berat]
atacar (vt)	menyerang	[mənjeraŋ]
pegar (golpear)	memukul	[memukul]
apporear (vt)	memukuli	[memukuli]
quitar (robar)	merebut	[merebut]
acuchillar (vt)	menikam mati	[mənikam mati]
mutilar (vt)	mencederai	[məntʃederaj]
herir (vt)	melukai	[melukaj]
chantaje (m)	pemerasan	[pemerasan]
hacer chantaje	memeras	[memeras]

chantajista (m)	pemeras	[pemeras]
extorsión (f)	pemerasan	[pemerasan]
extorsionador (m)	pemeras	[pemeras]
gángster (m)	gangster, preman	[gaŋster], [preman]
mafia (f)	mafia	[mafia]
carterista (m)	pencopet	[pentʃopet]
ladrón (m) de viviendas	perampok	[pərampoʔ]
contrabandismo (m)	penyelundupan	[penjelundupan]
contrabandista (m)	penyelundup	[penjelundup]
falsificación (f)	pemalsuan	[pemalsuan]
falsificar (vt)	memalsukan	[memalsukan]
falso (falsificado)	palsu	[palsu]

119. Violar la ley. Los criminales. Unidad 2

violación (f)	pemerkosaan	[pemerkosaʔan]
violar (vt)	memerkosa	[memerkosa]
violador (m)	pemerkosa	[pemerkosa]
maniaco (m)	maniak	[maniaʔ]
prostituta (f)	pelacur	[pelatʃur]
prostitución (f)	pelacuran	[pelatʃuran]
chulo (m), proxeneta (m)	germo	[germo]
drogadicto (m)	pecandu narkoba	[petʃandu narkoba]
narcotraficante (m)	pengedar narkoba	[peŋedar narkoba]
hacer explotar	meledakkan	[meledaʔkan]
explosión (f)	ledakan	[ledakan]
incendiar (vt)	membakar	[membakar]
incendiario (m)	pelaku pembakaran	[pelaku pembakaran]
terrorismo (m)	terorisme	[tərorisme]
terrorista (m)	teroris	[təroris]
rehén (m)	sandera	[sandera]
estafar (vt)	menipu	[mənipu]
estafa (f)	penipuan	[penipuan]
estafador (m)	penipu	[penipu]
sobornar (vt)	menyuap	[mənyuap]
soborno (m) (delito)	penyuapan	[penyuapan]
soborno (m) (dinero, etc.)	uang suap, suapan	[uaŋ suap], [suapan]
veneno (m)	racun	[ratʃun]
envenenar (vt)	meracuni	[meratʃuni]
envenenarse (vr)	meracuni diri sendiri	[meratʃuni diri sendiri]
suicidio (m)	bunuh diri	[bunuh diri]
suicida (m, f)	pelaku bunuh diri	[pelaku bunuh diri]
amenazar (vt)	mengancam	[mənantʃam]
amenaza (f)	ancaman	[antʃaman]

atentar (vi)	melakukan percobaan pembunuhan	[melakukan pərtʃobaʔan pembunuhan]
atentado (m)	percobaan pembunuhan	[pərtʃobaʔan pembunuhan]

robar (un coche)	mencuri	[məntʃuri]
secuestrar (un avión)	membajak	[membadʒʲaʔ]

venganza (f)	dendam	[dendam]
vengar (vt)	membalas dendam	[membalas dendam]

torturar (vt)	menyiksa	[mənjiksa]
tortura (f)	siksaan	[siksaʔan]
atormentar (vt)	menyiksa	[mənjiksa]

pirata (m)	bajak laut	[badʒʲaʔ laut]
gamberro (m)	berandal	[bərandal]
armado (adj)	bersenjata	[bərsendʒʲata]
violencia (f)	kekerasan	[kekerasan]
ilegal (adj)	ilegal	[ilegal]

espionaje (m)	spionase	[spionase]
espiar (vi, vt)	memata-matai	[memata-mataj]

120. La policía. La ley. Unidad 1

justicia (f)	keadilan	[keadilan]
tribunal (m)	pengadilan	[peŋadilan]

juez (m)	hakim	[hakim]
jurados (m pl)	anggota juri	[aŋgota dʒʲuri]
tribunal (m) de jurados	pengadilan juri	[peŋadilan dʒʲuri]
juzgar (vt)	mengadili	[məŋadili]

abogado (m)	advokat, pengacara	[advokat], [peŋatʃara]
acusado (m)	terdakwa	[tərdakwa]
banquillo (m) de los acusados	bangku terdakwa	[baŋku tərdakwa]

inculpación (f)	tuduhan	[tuduhan]
inculpado (m)	terdakwa	[tərdakwa]

sentencia (f)	hukuman	[hukuman]
sentenciar (vt)	menjatuhkan hukuman	[məndʒʲatuhkan hukuman]

culpable (m)	bersalah	[bərsalah]
castigar (vt)	menghukum	[məŋhukum]
castigo (m)	hukuman	[hukuman]

multa (f)	denda	[denda]
cadena (f) perpetua	penjara seumur hidup	[pendʒʲara seumur hidup]
pena (f) de muerte	hukuman mati	[hukuman mati]
silla (f) eléctrica	kursi listrik	[kursi listriʔ]
horca (f)	tiang gantungan	[tiaŋ gantuŋan]
ejecutar (vt)	menjalankan hukuman mati	[məndʒʲalankan hukuman mati]

ejecución (f)	hukuman mati	[hukuman mati]
prisión (f)	penjara	[pendʒʲara]
celda (f)	sel	[sel]
escolta (f)	pengawal	[peŋawal]
guardia (m) de prisiones	sipir, penjaga penjara	[sipir], [pendʒʲaga pendʒʲara]
prisionero (m)	tahanan	[tahanan]
esposas (f pl)	borgol	[borgol]
esposar (vt)	memborgol	[memborgol]
escape (m)	pelarian	[pelarian]
escaparse (vr)	melarikan diri	[melarikan diri]
desaparecer (vi)	menghilang	[məŋhilaŋ]
liberar (vt)	membebaskan	[membebaskan]
amnistía (f)	amnesti	[amnesti]
policía (f) (~ nacional)	polisi, kepolisian	[polisi], [kepolisian]
policía (m)	polisi	[polisi]
comisaría (f) de policía	kantor polisi	[kantor polisi]
porra (f)	pentungan karet	[pentuŋan karet]
megáfono (m)	pengeras suara	[peŋeras suara]
coche (m) patrulla	mobil patroli	[mobil patroli]
sirena (f)	sirene	[sirene]
poner la sirena	membunyikan sirene	[membunjikan sirene]
sonido (m) de sirena	suara sirene	[suara sirene]
escena (f) del delito	tempat kejadian perkara	[tempat kedʒʲadian pərkara]
testigo (m)	saksi	[saksi]
libertad (f)	kebebasan	[kebebasan]
cómplice (m)	kaki tangan	[kaki taŋan]
escapar de ...	melarikan diri	[melarikan diri]
rastro (m)	jejak	[dʒʲedʒʲaʔ]

121. La policía. La ley. Unidad 2

búsqueda (f)	pencarian	[pentʃarian]
buscar (~ el criminal)	mencari ...	[məntʃari ...]
sospecha (f)	kecurigaan	[ketʃurigaʔan]
sospechoso (adj)	mencurigakan	[məntʃurigakan]
parar (~ en la calle)	menghentikan	[məŋhentikan]
retener (vt)	menahan	[mənahan]
causa (f) (~ penal)	kasus, perkara	[kasus], [pərkara]
investigación (f)	investigasi, penyidikan	[investigasi], [penjidikan]
detective (m)	detektif	[detektif]
investigador (m)	penyidik	[penjidiʔ]
versión (f)	hipotesis	[hipotesis]
motivo (m)	motif	[motif]
interrogatorio (m)	interogasi	[interogasi]
interrogar (vt)	menginterogasi	[məninterogasi]
interrogar (al testigo)	menanyai	[mənanjaj]

control (m) (de vehículos, etc.)	pemeriksaan	[pemeriksa'an]
redada (f)	razia	[razia]
registro (m) (~ de la casa)	penggeledahan	[peŋgeledahan]
persecución (f)	pengejaran, perburuan	[peŋedʒʲaran], [pərburuan]
perseguir (vt)	mengejar	[mənedʒʲar]
rastrear (~ al criminal)	melacak	[melatʃa']
arresto (m)	penahanan	[penahanan]
arrestar (vt)	menahan	[mənahan]
capturar (vt)	menangkap	[mənaŋkap]
captura (f)	penangkapan	[penaŋkapan]
documento (m)	dokumen	[dokumen]
prueba (f)	bukti	[bukti]
probar (vt)	membuktikan	[membuktikan]
huella (f) (pisada)	jejak	[dʒʲedʒʲa']
huellas (f pl) digitales	sidik jari	[sidi' dʒʲari]
elemento (m) de prueba	barang bukti	[baraŋ bukti]
coartada (f)	alibi	[alibi]
inocente (no culpable)	tidak bersalah	[tida' bərsalah]
injusticia (f)	ketidakadilan	[ketidakadilan]
injusto (adj)	tidak adil	[tida' adil]
criminal (adj)	pidana	[pidana]
confiscar (vt)	menyita	[mənjita]
narcótico (m)	narkoba	[narkoba]
arma (f)	senjata	[sendʒʲata]
desarmar (vt)	melucuti	[melutʃuti]
ordenar (vt)	memerintahkan	[memerintahkan]
desaparecer (vi)	menghilang	[məŋhilaŋ]
ley (f)	hukum	[hukum]
legal (adj)	sah	[sah]
ilegal (adj)	tidak sah	[tida' sah]
responsabilidad (f)	tanggung jawab	[taŋguŋ dʒʲawab]
responsable (adj)	bertanggung jawab	[bərtaŋguŋ dʒʲawab]

LA NATURALEZA

La tierra. Unidad 1

122. El espacio

cosmos (m)	angkasa	[aŋkasa]
espacial, cósmico (adj)	angkasa	[aŋkasa]
espacio (m) cósmico	ruang angkasa	[ruaŋ aŋkasa]
mundo (m)	dunia	[dunia]
universo (m)	jagat raya	[dʒˈagat raja]
galaxia (f)	galaksi	[galaksi]
estrella (f)	bintang	[bintaŋ]
constelación (f)	gugusan bintang	[gugusan bintaŋ]
planeta (m)	planet	[planet]
satélite (m)	satelit	[satelit]
meteorito (m)	meteorit	[meteorit]
cometa (m)	komet	[komet]
asteroide (m)	asteroid	[asteroid]
órbita (f)	orbit	[orbit]
girar (vi)	berputar	[bərputar]
atmósfera (f)	atmosfer	[atmosfer]
Sol (m)	matahari	[matahari]
sistema (m) solar	tata surya	[tata surja]
eclipse (m) de Sol	gerhana matahari	[gerhana matahari]
Tierra (f)	Bumi	[bumi]
Luna (f)	Bulan	[bulan]
Marte (m)	Mars	[mars]
Venus (f)	Venus	[venus]
Júpiter (m)	Yupiter	[yupiter]
Saturno (m)	Saturnus	[saturnus]
Mercurio (m)	Merkurius	[merkurius]
Urano (m)	Uranus	[uranus]
Neptuno (m)	Neptunus	[neptunus]
Plutón (m)	Pluto	[pluto]
la Vía Láctea	Bimasakti	[bimasakti]
la Osa Mayor	Ursa Major	[ursa madʒor]
la Estrella Polar	Bintang Utara	[bintaŋ utara]
marciano (m)	makhluk Mars	[mahluʔ mars]
extraterrestre (m)	makhluk ruang angkasa	[mahluʔ ruaŋ aŋkasa]

planetícola (m)	alien, makhluk asing	[alien], [mahlu' asiŋ]
platillo (m) volante	piring terbang	[piriŋ tərbaŋ]
nave (f) espacial	kapal antariksa	[kapal antariksa]
estación (f) orbital	stasiun antariksa	[stasiun antariksa]
despegue (m)	peluncuran	[peluntʃuran]
motor (m)	mesin	[mesin]
tobera (f)	nosel	[nosel]
combustible (m)	bahan bakar	[bahan bakar]
carlinga (f)	kokpit	[kokpit]
antena (f)	antena	[antena]
ventana (f)	jendela	[dʒʲendela]
batería (f) solar	sel surya	[sel surja]
escafandra (f)	pakaian antariksa	[pakajan antariksa]
ingravidez (f)	keadaan tanpa bobot	[keada'an tanpa bobot]
oxígeno (m)	oksigen	[oksigen]
atraque (m)	penggabungan	[peŋgabuŋan]
realizar el atraque	bergabung	[bərgabuŋ]
observatorio (m)	observatorium	[observatorium]
telescopio (m)	teleskop	[teleskop]
observar (vt)	mengamati	[məŋamati]
explorar (~ el universo)	mengeksplorasi	[məŋeksplorasi]

123. La tierra

Tierra (f)	Bumi	[bumi]
globo (m) terrestre	bola Bumi	[bola bumi]
planeta (m)	planet	[planet]
atmósfera (f)	atmosfer	[atmosfer]
geografía (f)	geografi	[geografi]
naturaleza (f)	alam	[alam]
globo (m) terráqueo	globe	[globe]
mapa (m)	peta	[peta]
atlas (m)	atlas	[atlas]
Europa (f)	Eropa	[eropa]
Asia (f)	Asia	[asia]
África (f)	Afrika	[afrika]
Australia (f)	Australia	[australia]
América (f)	Amerika	[amerika]
América (f) del Norte	Amerika Utara	[amerika utara]
América (f) del Sur	Amerika Selatan	[amerika selatan]
Antártida (f)	Antartika	[antartika]
Ártico (m)	Arktika	[arktika]

124. Los puntos cardinales

norte (m)	utara	[utara]
al norte	ke utara	[ke utara]
en el norte	di utara	[di utara]
del norte (adj)	utara	[utara]
sur (m)	selatan	[selatan]
al sur	ke selatan	[ke selatan]
en el sur	di selatan	[di selatan]
del sur (adj)	selatan	[selatan]
oeste (m)	barat	[barat]
al oeste	ke barat	[ke barat]
en el oeste	di barat	[di barat]
del oeste (adj)	barat	[barat]
este (m)	timur	[timur]
al este	ke timur	[ke timur]
en el este	di timur	[di timur]
del este (adj)	timur	[timur]

125. El mar. El océano

mar (m)	laut	[laut]
océano (m)	samudra	[samudra]
golfo (m)	teluk	[teluʔ]
estrecho (m)	selat	[selat]
tierra (f) firme	daratan	[daratan]
continente (m)	benua	[benua]
isla (f)	pulau	[pulau]
península (f)	semenanjung, jazirah	[semenanʤʲuŋ], [ʤʲazirah]
archipiélago (m)	kepulauan	[kepulauan]
bahía (f)	teluk	[teluʔ]
ensenada, bahía (f)	pelabuhan	[pelabuhan]
laguna (f)	laguna	[laguna]
cabo (m)	tanjung	[tanʤʲuŋ]
atolón (m)	pulau karang	[pulau karaŋ]
arrecife (m)	terumbu	[terumbu]
coral (m)	karang	[karaŋ]
arrecife (m) de coral	terumbu karang	[terumbu karaŋ]
profundo (adj)	dalam	[dalam]
profundidad (f)	kedalaman	[kedalaman]
abismo (m)	jurang	[ʤʲuraŋ]
fosa (f) oceánica	palung	[paluŋ]
corriente (f)	arus	[arus]
bañar (rodear)	berbatasan dengan	[berbatasan deŋan]

| orilla (f) | pantai | [pantaj] |
| costa (f) | pantai | [pantaj] |

flujo (m)	air pasang	[air pasaŋ]
reflujo (m)	air surut	[air surut]
banco (m) de arena	beting	[betiŋ]
fondo (m)	dasar	[dasar]

ola (f)	gelombang	[gelombaŋ]
cresta (f) de la ola	puncak gelombang	[puntʃa' gelombaŋ]
espuma (f)	busa, buih	[busa], [buih]

tempestad (f)	badai	[badaj]
huracán (m)	topan	[topan]
tsunami (m)	tsunami	[tsunami]
bonanza (f)	angin tenang	[aŋin tenaŋ]
calmo, tranquilo	tenang	[tenaŋ]

| polo (m) | kutub | [kutub] |
| polar (adj) | kutub | [kutub] |

latitud (f)	lintang	[lintaŋ]
longitud (f)	garis bujur	[garis budʒʲur]
paralelo (m)	sejajar	[sedʒʲadʒʲar]
ecuador (m)	khatulistiwa	[hatulistiwa]

cielo (m)	langit	[laŋit]
horizonte (m)	horizon	[horizon]
aire (m)	udara	[udara]

faro (m)	mercusuar	[mertʃusuar]
bucear (vi)	menyelam	[mənjelam]
hundirse (vr)	karam	[karam]
tesoros (m pl)	harta karun	[harta karun]

126. Los nombres de los mares y los océanos

océano (m) Atlántico	Samudra Atlantik	[samudra atlanti']
océano (m) Índico	Samudra Hindia	[samudra hindia]
océano (m) Pacífico	Samudra Pasifik	[samudra pasifi']
océano (m) Glacial Ártico	Samudra Arktik	[samudra arkti']

mar (m) Negro	Laut Hitam	[laut hitam]
mar (m) Rojo	Laut Merah	[laut merah]
mar (m) Amarillo	Laut Kuning	[laut kuniŋ]
mar (m) Blanco	Laut Putih	[laut putih]

mar (m) Caspio	Laut Kaspia	[laut kaspia]
mar (m) Muerto	Laut Mati	[laut mati]
mar (m) Mediterráneo	Laut Tengah	[laut teŋah]

mar (m) Egeo	Laut Aegean	[laut aegean]
mar (m) Adriático	Laut Adriatik	[laut adriati']
mar (m) Arábigo	Laut Arab	[laut arab]

mar (m) del Japón	Laut Jepang	[laut dʒʲepaŋ]
mar (m) de Bering	Laut Bering	[laut bəriŋ]
mar (m) de la China Meridional	Laut Cina Selatan	[laut tʃina selatan]

mar (m) del Coral	Laut Karang	[laut karaŋ]
mar (m) de Tasmania	Laut Tasmania	[laut tasmania]
mar (m) Caribe	Laut Karibia	[laut karibia]

mar (m) de Barents	Laut Barents	[laut barents]
mar (m) de Kara	Laut Kara	[laut kara]

mar (m) del Norte	Laut Utara	[laut utara]
mar (m) Báltico	Laut Baltik	[laut baltiʔ]
mar (m) de Noruega	Laut Norwegia	[laut norwegia]

127. Las montañas

montaña (f)	gunung	[gunuŋ]
cadena (f) de montañas	jajaran gunung	[dʒʲadʒʲaran gunuŋ]
cresta (f) de montañas	sisir gunung	[sisir gunuŋ]

cima (f)	puncak	[puntʃaʔ]
pico (m)	puncak	[puntʃaʔ]
pie (m)	kaki	[kaki]
cuesta (f)	lereng	[lereŋ]

volcán (m)	gunung api	[gunuŋ api]
volcán (m) activo	gunung api yang aktif	[gunuŋ api yaŋ aktif]
volcán (m) apagado	gunung api yang tidak aktif	[gunuŋ api yaŋ tidaʔ aktif]

erupción (f)	erupsi, letusan	[erupsi], [letusan]
cráter (m)	kawah	[kawah]
magma (m)	magma	[magma]
lava (f)	lava, lahar	[lava], [lahar]
fundido (lava ~a)	pijar	[pidʒʲar]

cañón (m)	kanyon	[kanjon]
desfiladero (m)	jurang	[dʒʲuraŋ]
grieta (f)	celah	[tʃelah]
precipicio (m)	jurang	[dʒʲuraŋ]

puerto (m) (paso)	pass, celah	[pass], [tʃelah]
meseta (f)	plato, dataran tinggi	[plato], [dataran tiŋgi]
roca (f)	tebing	[tebiŋ]
colina (f)	bukit	[bukit]

glaciar (m)	gletser	[gletser]
cascada (f)	air terjun	[air tərdʒʲun]
geiser (m)	geiser	[geyser]
lago (m)	danau	[danau]

llanura (f)	dataran	[dataran]
paisaje (m)	landskap	[landskap]

eco (m)	gema	[gema]
alpinista (m)	pendaki gunung	[pendaki gunuŋ]
escalador (m)	pemanjat tebing	[pemandʒʲat tebiŋ]
conquistar (vt)	menaklukkan	[mənakluʔkan]
ascensión (f)	pendakian	[pendakian]

128. Los nombres de las montañas

Alpes (m pl)	Alpen	[alpen]
Montblanc (m)	Mont Blanc	[mon blan]
Pirineos (m pl)	Pirenia	[pirenia]
Cárpatos (m pl)	Pegunungan Karpatia	[peguꜥnuŋan karpatia]
Urales (m pl)	Pegunungan Ural	[peguꜥnuŋan ural]
Cáucaso (m)	Kaukasus	[kaukasus]
Elbrus (m)	Elbrus	[elbrus]
Altai (m)	Altai	[altaj]
Tian-Shan (m)	Tien Shan	[tjen ʃan]
Pamir (m)	Pegunungan Pamir	[peguꜥnuŋan pamir]
Himalayos (m pl)	Himalaya	[himalaja]
Everest (m)	Everest	[everest]
Andes (m pl)	Andes	[andes]
Kilimanjaro (m)	Kilimanjaro	[kilimandʒʲaro]

129. Los ríos

río (m)	sungai	[suŋaj]
manantial (m)	mata air	[mata air]
lecho (m) (curso de agua)	badan sungai	[badan suŋaj]
cuenca (f) fluvial	basin	[basin]
desembocar en …	mengalir ke …	[məŋalir ke …]
afluente (m)	anak sungai	[anaʔ suŋaj]
ribera (f)	tebing sungai	[tebiŋ suŋaj]
corriente (f)	arus	[arus]
río abajo (adv)	ke hilir	[ke hilir]
río arriba (adv)	ke hulu	[ke hulu]
inundación (f)	banjir	[bandʒir]
riada (f)	banjir	[bandʒir]
desbordarse (vr)	membanjiri	[membandʒiri]
inundar (vt)	membanjiri	[membandʒiri]
bajo (m) arenoso	beting	[betiŋ]
rápido (m)	jeram	[dʒʲeram]
presa (f)	dam, bendungan	[dam], [benduŋan]
canal (m)	kanal, terusan	[kanal], [tərusan]
lago (m) artificiale	waduk	[waduʔ]

esclusa (f)	pintu air	[pintu air]
cuerpo (m) de agua	kolam	[kolam]
pantano (m)	rawa	[rawa]
ciénaga (f)	bencah, paya	[bentʃah], [paja]
remolino (m)	pusaran air	[pusaran air]
arroyo (m)	selokan	[selokan]
potable (adj)	minum	[minum]
dulce (agua ~)	tawar	[tawar]
hielo (m)	es	[es]
helarse (el lago, etc.)	membeku	[membeku]

130. Los nombres de los ríos

Sena (m)	Seine	[seine]
Loira (m)	Loire	[loire]
Támesis (m)	Thames	[tems]
Rin (m)	Rein	[reyn]
Danubio (m)	Donau	[donau]
Volga (m)	Volga	[volga]
Don (m)	Don	[don]
Lena (m)	Lena	[lena]
Río (m) Amarillo	Suang Kuning	[suaŋ kuniŋ]
Río (m) Azul	Yangtze	[yaŋtze]
Mekong (m)	Mekong	[mekoŋ]
Ganges (m)	Gangga	[gaŋga]
Nilo (m)	Sungai Nil	[suŋaj nil]
Congo (m)	Kongo	[koŋo]
Okavango (m)	Okavango	[okavaŋo]
Zambeze (m)	Zambezi	[zambezi]
Limpopo (m)	Limpopo	[limpopo]
Misisipi (m)	Mississippi	[misisipi]

131. El bosque

bosque (m)	hutan	[hutan]
de bosque (adj)	hutan	[hutan]
espesura (f)	hutan lebat	[hutan lebat]
bosquecillo (m)	hutan kecil	[hutan ketʃil]
claro (m)	pembukaan hutan	[pembukaʔan hutan]
maleza (f)	semak belukar	[semaʔ belukar]
matorral (m)	belukar	[belukar]
senda (f)	jalan setapak	[dʒʲalan setapaʔ]
barranco (m)	parit	[parit]

árbol (m)	pohon	[pohon]
hoja (f)	daun	[daun]
follaje (m)	daun-daunan	[daun-daunan]
caída (f) de hojas	daun berguguran	[daun berguguran]
caer (las hojas)	luruh	[luruh]
cima (f)	puncak	[puntʃaʔ]
rama (f)	cabang	[tʃabaŋ]
rama (f) (gruesa)	dahan	[dahan]
brote (m)	tunas	[tunas]
aguja (f)	daun jarum	[daun dʒiarum]
piña (f)	buah pinus	[buah pinus]
agujero (m)	lubang pohon	[lubaŋ pohon]
nido (m)	sarang	[saraŋ]
tronco (m)	batang	[bataŋ]
raíz (f)	akar	[akar]
corteza (f)	kulit	[kulit]
musgo (m)	lumut	[lumut]
extirpar (vt)	mencabut	[mentʃabut]
talar (vt)	menebang	[menebaŋ]
deforestar (vt)	deforestasi, penggundulan hutan	[deforestasi], [peŋgundulan hutan]
tocón (m)	tunggul	[tuŋgul]
hoguera (f)	api unggun	[api uŋgun]
incendio (m) forestal	kebakaran hutan	[kebakaran hutan]
apagar (~ el incendio)	memadamkan	[memadamkan]
guarda (m) forestal	penjaga hutan	[pendʒiaga hutan]
protección (f)	perlindungan	[perlinduŋan]
proteger (vt)	melindungi	[melinduŋi]
cazador (m) furtivo	pemburu ilegal	[pemburu ilegal]
cepo (m)	perangkap	[peraŋkap]
recoger (setas, bayas)	memetik	[memetiʔ]
perderse (vr)	tersesat	[tersesat]

132. Los recursos naturales

recursos (m pl) naturales	sumber daya alam	[sumber daja alam]
recursos (m pl) subterráneos	bahan tambang	[bahan tambaŋ]
depósitos (m pl)	endapan	[endapan]
yacimiento (m)	ladang	[ladaŋ]
extraer (vt)	menambang	[menambaŋ]
extracción (f)	pertambangan	[pertambaŋan]
mena (f)	bijih	[bidʒih]
mina (f)	tambang	[tambaŋ]
pozo (m) de mina	sumur tambang	[sumur tambaŋ]
minero (m)	penambang	[penambaŋ]

gas (m)	gas	[gas]
gasoducto (m)	pipa saluran gas	[pipa saluran gas]
petróleo (m)	petroleum, minyak	[petroleum], [minjaʔ]
oleoducto (m)	pipa saluran minyak	[pipa saluran minjaʔ]
pozo (m) de petróleo	sumur minyak	[sumur minjaʔ]
torre (f) de sondeo	menara bor minyak	[mənara bor minjaʔ]
petrolero (m)	kapal tangki	[kapal taŋki]
arena (f)	pasir	[pasir]
caliza (f)	batu kapur	[batu kapur]
grava (f)	kerikil	[kerikil]
turba (f)	gambut	[gambut]
arcilla (f)	tanah liat	[tanah liat]
carbón (m)	arang	[araŋ]
hierro (m)	besi	[besi]
oro (m)	emas	[emas]
plata (f)	perak	[peraʔ]
níquel (m)	nikel	[nikel]
cobre (m)	tembaga	[tembaga]
zinc (m)	seng	[seŋ]
manganeso (m)	mangan	[maŋan]
mercurio (m)	air raksa	[air raksa]
plomo (m)	timbal	[timbal]
mineral (m)	mineral	[mineral]
cristal (m)	kristal, hablur	[kristal], [hablur]
mármol (m)	marmer	[marmer]
uranio (m)	uranium	[uranium]

La tierra. Unidad 2

133. El tiempo

tiempo (m)	cuaca	[ʧuaʧa]
previsión (f) del tiempo	prakiraan cuaca	[prakira'an ʧuaʧa]
temperatura (f)	temperatur, suhu	[temperatur], [suhu]
termómetro (m)	termometer	[tərmometər]
barómetro (m)	barometer	[barometer]
húmedo (adj)	lembap	[lembap]
humedad (f)	kelembapan	[kelembapan]
bochorno (m)	panas, gerah	[panas], [gerah]
tórrido (adj)	panas terik	[panas təriʔ]
hace mucho calor	panas	[panas]
hace calor (templado)	hangat	[haŋat]
templado (adj)	hangat	[haŋat]
hace frío	dingin	[diŋin]
frío (adj)	dingin	[diŋin]
sol (m)	matahari	[matahari]
brillar (vi)	bersinar	[bərsinar]
soleado (un día ~)	cerah	[ʧerah]
elevarse (el sol)	terbit	[terbit]
ponerse (vr)	terbenam	[tərbenam]
nube (f)	awan	[awan]
nuboso (adj)	berawan	[bərawan]
nubarrón (m)	awan mendung	[awan menduŋ]
nublado (adj)	mendung	[menduŋ]
lluvia (f)	hujan	[huʤʲan]
está lloviendo	hujan turun	[huʤʲan turun]
lluvioso (adj)	hujan	[huʤʲan]
lloviznar (vi)	gerimis	[gerimis]
aguacero (m)	hujan lebat	[huʤʲan lebat]
chaparrón (m)	hujan lebat	[huʤʲan lebat]
fuerte (la lluvia ~)	lebat	[lebat]
charco (m)	kubangan	[kubaŋan]
mojarse (vr)	kehujanan	[kehuʤʲanan]
niebla (f)	kabut	[kabut]
nebuloso (adj)	berkabut	[bərkabut]
nieve (f)	salju	[salʤʲu]
está nevando	turun salju	[turun salʤʲu]

134. Los eventos climáticos severos. Los desastres naturales

tormenta (f)	hujan badai	[hudʒˈan badaj]
relámpago (m)	kilat	[kilat]
relampaguear (vi)	berkilau	[bərkilau]
trueno (m)	petir	[petir]
tronar (vi)	bergemuruh	[bərgemuruh]
está tronando	bergemuruh	[bərgemuruh]
granizo (m)	hujan es	[hudʒˈan es]
está granizando	hujan es	[hudʒˈan es]
inundar (vt)	membanjiri	[membandʒiri]
inundación (f)	banjir	[bandʒir]
terremoto (m)	gempa bumi	[gempa bumi]
sacudida (f)	gempa	[gempa]
epicentro (m)	episentrum	[episentrum]
erupción (f)	erupsi, letusan	[erupsi], [letusan]
lava (f)	lava, lahar	[lava], [lahar]
torbellino (m)	puting beliung	[putiŋ beliuŋ]
tornado (m)	tornado	[tornado]
tifón (m)	topan	[topan]
huracán (m)	topan	[topan]
tempestad (f)	badai	[badaj]
tsunami (m)	tsunami	[tsunami]
ciclón (m)	siklon	[siklon]
mal tiempo (m)	cuaca buruk	[tʃuatʃa buruʔ]
incendio (m)	kebakaran	[kebakaran]
catástrofe (f)	bencana	[bentʃana]
meteorito (m)	meteorit	[meteorit]
avalancha (f)	longsor	[loŋsor]
alud (m) de nieve	salju longsor	[saldʒˈu loŋsor]
ventisca (f)	badai salju	[badaj saldʒˈu]
nevasca (f)	badai salju	[badaj saldʒˈu]

La fauna

135. Los mamíferos. Los predadores

carnívoro (m)	predator, pemangsa	[predator], [pemaŋsa]
tigre (m)	harimau	[harimau]
león (m)	singa	[siŋa]
lobo (m)	serigala	[serigala]
zorro (m)	rubah	[rubah]
jaguar (m)	jaguar	[dʒʲaguar]
leopardo (m)	leopard, macan tutul	[leopard], [matʃan tutul]
guepardo (m)	cheetah	[tʃeetah]
pantera (f)	harimau kumbang	[harimau kumbaŋ]
puma (f)	singa gunung	[siŋa gunuŋ]
leopardo (m) de las nieves	harimau bintang salju	[harimau bintaŋ saldʒʲu]
lince (m)	lynx	[links]
coyote (m)	koyote	[koyot]
chacal (m)	jakal	[dʒʲakal]
hiena (f)	hiena	[hiena]

136. Los animales salvajes

animal (m)	binatang	[binataŋ]
bestia (f)	binatang buas	[binataŋ buas]
ardilla (f)	bajing	[badʒiŋ]
erizo (m)	landak susu	[landaʔ susu]
liebre (f)	terwelu	[tərwelu]
conejo (m)	kelinci	[kelintʃi]
tejón (m)	luak	[luaʔ]
mapache (m)	rakun	[rakun]
hámster (m)	hamster	[hamster]
marmota (f)	marmut	[marmut]
topo (m)	tikus mondok	[tikus mondoʔ]
ratón (m)	tikus	[tikus]
rata (f)	tikus besar	[tikus besar]
murciélago (m)	kelelawar	[kelelawar]
armiño (m)	ermin	[ermin]
cebellina (f)	sabel	[sabel]
marta (f)	marten	[marten]
comadreja (f)	musang	[musaŋ]
visón (m)	cerpelai	[tʃerpelaj]

| castor (m) | beaver | [beaver] |
| nutria (f) | berang-berang | [bəraŋ-bəraŋ] |

caballo (m)	kuda	[kuda]
alce (m)	rusa besar	[rusa besar]
ciervo (m)	rusa	[rusa]
camello (m)	unta	[unta]

bisonte (m)	bison	[bison]
uro (m)	aurochs	[oroks]
búfalo (m)	kerbau	[kerbau]

cebra (f)	kuda belang	[kuda belaŋ]
antílope (m)	antelop	[antelop]
corzo (m)	kijang	[kidʒʲaŋ]
gamo (m)	rusa	[rusa]
gamuza (f)	chamois	[ʃemva]
jabalí (m)	babi hutan jantan	[babi hutan dʒʲantan]

ballena (f)	ikan paus	[ikan paus]
foca (f)	anjing laut	[andʒiŋ laut]
morsa (f)	walrus	[walrus]
oso (m) marino	anjing laut berbulu	[andʒiŋ laut bərbulu]
delfín (m)	lumba-lumba	[lumba-lumba]

oso (m)	beruang	[bəruaŋ]
oso (m) blanco	beruang kutub	[bəruaŋ kutub]
panda (f)	panda	[panda]

mono (m)	monyet	[monjet]
chimpancé (m)	simpanse	[simpanse]
orangután (m)	orang utan	[oraŋ utan]
gorila (m)	gorila	[gorila]
macaco (m)	kera	[kera]
gibón (m)	siamang, ungka	[siamaŋ], [uŋka]

elefante (m)	gajah	[gadʒʲah]
rinoceronte (m)	badak	[badaʔ]
jirafa (f)	jerapah	[dʒʲerapah]
hipopótamo (m)	kuda nil	[kuda nil]

| canguro (m) | kanguru | [kaŋuru] |
| koala (f) | koala | [koala] |

mangosta (f)	garangan	[garaŋan]
chinchilla (f)	chinchilla	[tʃintʃilla]
mofeta (f)	sigung	[siguŋ]
espín (m)	landak	[landaʔ]

137. Los animales domésticos

gata (f)	kucing betina	[kutʃiŋ betina]
gato (m)	kucing jantan	[kutʃiŋ dʒʲantan]
perro (m)	anjing	[andʒiŋ]

caballo (m)	kuda	[kuda]
garañón (m)	kuda jantan	[kuda dʒʲantan]
yegua (f)	kuda betina	[kuda betina]
vaca (f)	sapi	[sapi]
toro (m)	sapi jantan	[sapi dʒʲantan]
buey (m)	lembu jantan	[lembu dʒʲantan]
oveja (f)	domba	[domba]
carnero (m)	domba jantan	[domba dʒʲantan]
cabra (f)	kambing betina	[kambiŋ betina]
cabrón (m)	kambing jantan	[kambiŋ dʒʲantan]
asno (m)	keledai	[keledaj]
mulo (m)	bagal	[bagal]
cerdo (m)	babi	[babi]
cerdito (m)	anak babi	[ana' babi]
conejo (m)	kelinci	[kelintʃi]
gallina (f)	ayam betina	[ajam betina]
gallo (m)	ayam jago	[ajam dʒʲago]
pato (m)	bebek	[bebe']
ánade (m)	bebek jantan	[bebe' dʒʲantan]
ganso (m)	angsa	[aŋsa]
pavo (m)	kalkun jantan	[kalkun dʒʲantan]
pava (f)	kalkun betina	[kalkun betina]
animales (m pl) domésticos	binatang piaraan	[binataŋ piara'an]
domesticado (adj)	jinak	[dʒina']
domesticar (vt)	menjinakkan	[məndʒina'kan]
criar (vt)	membiakkan	[membia'kan]
granja (f)	peternakan	[peternakan]
aves (f pl) de corral	unggas	[uŋgas]
ganado (m)	ternak	[terna']
rebaño (m)	kawanan	[kawanan]
caballeriza (f)	kandang kuda	[kandaŋ kuda]
porqueriza (f)	kandang babi	[kandaŋ babi]
vaquería (f)	kandang sapi	[kandaŋ sapi]
conejal (m)	sangkar kelinci	[saŋkar kelintʃi]
gallinero (m)	kandang ayam	[kandaŋ ajam]

138. Los pájaros

pájaro (m)	burung	[buruŋ]
paloma (f)	burung dara	[buruŋ dara]
gorrión (m)	burung gereja	[buruŋ geredʒʲa]
carbonero (m)	burung tit	[buruŋ tit]
urraca (f)	burung murai	[buruŋ muraj]
cuervo (m)	burung raven	[buruŋ raven]

corneja (f)	burung gagak	[buruŋ gagaʔ]
chova (f)	burung gagak kecil	[buruŋ gagaʔ ketʃil]
grajo (m)	burung rook	[buruŋ rooʔ]
pato (m)	bebek	[bebeʔ]
ganso (m)	angsa	[aŋsa]
faisán (m)	burung kuau	[buruŋ kuau]
águila (f)	rajawali	[radʒʲawali]
azor (m)	elang	[elaŋ]
halcón (m)	alap-alap	[alap-alap]
buitre (m)	hering	[heriŋ]
cóndor (m)	kondor	[kondor]
cisne (m)	angsa	[aŋsa]
grulla (f)	burung jenjang	[buruŋ dʒʲendʒʲaŋ]
cigüeña (f)	bangau	[baŋau]
loro (m), papagayo (m)	burung nuri	[buruŋ nuri]
colibrí (m)	burung kolibri	[buruŋ kolibri]
pavo (m) real	burung merak	[buruŋ meraʔ]
avestruz (m)	burung unta	[buruŋ unta]
garza (f)	kuntul	[kuntul]
flamenco (m)	burung flamingo	[buruŋ flamiŋo]
pelícano (m)	pelikan	[pelikan]
ruiseñor (m)	burung bulbul	[buruŋ bulbul]
golondrina (f)	burung walet	[buruŋ walet]
tordo (m)	burung jalak	[buruŋ dʒʲalaʔ]
zorzal (m)	burung jalak suren	[buruŋ dʒʲalaʔ suren]
mirlo (m)	burung jalak hitam	[buruŋ dʒʲalaʔ hitam]
vencejo (m)	burung apus-apus	[buruŋ apus-apus]
alondra (f)	burung lark	[buruŋ larʔ]
codorniz (f)	burung puyuh	[buruŋ puyuh]
pájaro carpintero (m)	burung pelatuk	[buruŋ pelatuʔ]
cuco (m)	burung kukuk	[buruŋ kukuʔ]
lechuza (f)	burung hantu	[buruŋ hantu]
búho (m)	burung hantu bertanduk	[buruŋ hantu bertanduʔ]
urogallo (m)	burung murai kayu	[buruŋ muraj kaju]
gallo lira (m)	burung belibis hitam	[buruŋ belibis hitam]
perdiz (f)	ayam hutan	[ajam hutan]
estornino (m)	burung starling	[buruŋ starliŋ]
canario (m)	burung kenari	[buruŋ kenari]
ortega (f)	ayam hutan hazel	[ajam hutan hazel]
pinzón (m)	burung chaffinch	[buruŋ tʃaffintʃ]
camachuelo (m)	burung bullfinch	[buruŋ bullfintʃ]
gaviota (f)	burung camar	[buruŋ tʃamar]
albatros (m)	albatros	[albatros]
pingüino (m)	penguin	[peŋuin]

139. Los peces. Los animales marinos

brema (f)	ikan bream	[ikan bream]
carpa (f)	ikan karper	[ikan karper]
perca (f)	ikan tilapia	[ikan tilapia]
siluro (m)	lais junggang	[lajs dʒʲuŋgaŋ]
lucio (m)	ikan pike	[ikan paik]
salmón (m)	salmon	[salmon]
esturión (m)	ikan sturgeon	[ikan sturdʒʲen]
arenque (m)	ikan haring	[ikan hariŋ]
salmón (m) del Atlántico	ikan salem	[ikan salem]
caballa (f)	ikan kembung	[ikan kembuŋ]
lenguado (m)	ikan sebelah	[ikan sebelah]
lucioperca (f)	ikan seligi tenggeran	[ikan seligi teŋgeran]
bacalao (m)	ikan kod	[ikan kod]
atún (m)	tuna	[tuna]
trucha (f)	ikan forel	[ikan forel]
anguila (f)	belut	[belut]
raya (f) eléctrica	ikan pari listrik	[ikan pari listriʔ]
morena (f)	belut moray	[belut morey]
piraña (f)	ikan piranha	[ikan piranha]
tiburón (m)	ikan hiu	[ikan hiu]
delfín (m)	lumba-lumba	[lumba-lumba]
ballena (f)	ikan paus	[ikan paus]
centolla (f)	kepiting	[kepitiŋ]
medusa (f)	ubur-ubur	[ubur-ubur]
pulpo (m)	gurita	[gurita]
estrella (f) de mar	bintang laut	[bintaŋ laut]
erizo (m) de mar	landak laut	[landaʔ laut]
caballito (m) de mar	kuda laut	[kuda laut]
ostra (f)	tiram	[tiram]
camarón (m)	udang	[udaŋ]
bogavante (m)	udang karang	[udaŋ karaŋ]
langosta (f)	lobster berduri	[lobster berduri]

140. Los anfibios. Los reptiles

serpiente (f)	ular	[ular]
venenoso (adj)	berbisa	[bərbisa]
víbora (f)	ular viper	[ular viper]
cobra (f)	kobra	[kobra]
pitón (m)	ular sanca	[ular santʃa]
boa (f)	ular boa	[ular boa]
culebra (f)	ular tanah	[ular tanah]

serpiente (m) de cascabel	ular derik	[ular deriʔ]
anaconda (f)	ular anakonda	[ular anakonda]
lagarto (m)	kadal	[kadal]
iguana (f)	iguana	[iguana]
varano (m)	biawak	[biawaʔ]
salamandra (f)	salamander	[salamander]
camaleón (m)	bunglon	[buŋlon]
escorpión (m)	kalajengking	[kaladʒ'eŋkiŋ]
tortuga (f)	kura-kura	[kura-kura]
rana (f)	katak	[kataʔ]
sapo (m)	kodok	[kodoʔ]
cocodrilo (m)	buaya	[buaja]

141. Los insectos

insecto (m)	serangga	[seraŋga]
mariposa (f)	kupu-kupu	[kupu-kupu]
hormiga (f)	semut	[semut]
mosca (f)	lalat	[lalat]
mosquito (m) (picadura de ~)	nyamuk	[njamuʔ]
escarabajo (m)	kumbang	[kumbaŋ]
avispa (f)	tawon	[tawon]
abeja (f)	lebah	[lebah]
abejorro (m)	kumbang	[kumbaŋ]
moscardón (m)	lalat kerbau	[lalat kerbau]
araña (f)	laba-laba	[laba-laba]
telaraña (f)	sarang laba-laba	[saraŋ laba-laba]
libélula (f)	capung	[tʃapuŋ]
saltamontes (m)	belalang	[belalaŋ]
mariposa (f) nocturna	ngengat	[ŋeŋat]
cucaracha (f)	kecoa	[ketʃoa]
garrapata (f)	kutu	[kutu]
pulga (f)	kutu loncat	[kutu lontʃat]
mosca (f) negra	agas	[agas]
langosta (f)	belalang	[belalaŋ]
caracol (m)	siput	[siput]
grillo (m)	jangkrik	[dʒ'aŋkriʔ]
luciérnaga (f)	kunang-kunang	[kunaŋ-kunaŋ]
mariquita (f)	kumbang koksi	[kumbaŋ koksi]
sanjuanero (m)	kumbang Cockchafer	[kumbaŋ kokʃafer]
sanguijuela (f)	lintah	[lintah]
oruga (f)	ulat	[ulat]
lombriz (m) de tierra	cacing	[tʃatʃiŋ]
larva (f)	larva	[larva]

La flora

142. Los árboles

árbol (m)	**pohon**	[pohon]
foliáceo (adj)	**daun luruh**	[daun luruh]
conífero (adj)	**pohon jarum**	[pohon dʒʲarum]
de hoja perenne	**selalu hijau**	[selalu hidʒʲau]
manzano (m)	**pohon apel**	[pohon apel]
peral (m)	**pohon pir**	[pohon pir]
cerezo (m)	**pohon ceri manis**	[pohon tʃeri manis]
guindo (m)	**pohon ceri asam**	[pohon tʃeri asam]
ciruelo (m)	**pohon plum**	[pohon plum]
abedul (m)	**pohon berk**	[pohon bərʔ]
roble (m)	**pohon eik**	[pohon eiʔ]
tilo (m)	**pohon linden**	[pohon linden]
pobo (m)	**pohon aspen**	[pohon aspen]
arce (m)	**pohon mapel**	[pohon mapel]
pícea (f)	**pohon den**	[pohon den]
pino (m)	**pohon pinus**	[pohon pinus]
alerce (m)	**pohon larch**	[pohon lartʃ]
abeto (m)	**pohon fir**	[pohon fir]
cedro (m)	**pohon aras**	[pohon aras]
álamo (m)	**pohon poplar**	[pohon poplar]
serbal (m)	**pohon rowan**	[pohon rowan]
sauce (m)	**pohon dedalu**	[pohon dedalu]
aliso (m)	**pohon alder**	[pohon alder]
haya (f)	**pohon nothofagus**	[pohon notofagus]
olmo (m)	**pohon elm**	[pohon elm]
fresno (m)	**pohon abu**	[pohon abu]
castaño (m)	**kastanye**	[kastanje]
magnolia (f)	**magnolia**	[magnolia]
palmera (f)	**palem**	[palem]
ciprés (m)	**pokok cipres**	[pokoʔ sipres]
mangle (m)	**bakau**	[bakau]
baobab (m)	**baobab**	[baobab]
eucalipto (m)	**kayu putih**	[kaju putih]
secoya (f)	**sequoia**	[sekuoia]

143. Los arbustos

mata (f)	**rumpun**	[rumpun]
arbusto (m)	**semak**	[semaʔ]

vid (f)	pohon anggur	[pohon aŋgur]
viñedo (m)	kebun anggur	[kebun aŋgur]
frambueso (m)	pohon frambus	[pohon frambus]
grosellero (m) negro	pohon blackcurrant	[pohon ble'karen]
grosellero (m) rojo	pohon redcurrant	[pohon redkaren]
grosellero (m) espinoso	pohon arbei hijau	[pohon arbei hiʤ'au]
acacia (f)	pohon akasia	[pohon akasia]
berberís (m)	pohon barberis	[pohon barberis]
jazmín (m)	melati	[melati]
enebro (m)	pohon juniper	[pohon ʤ'uniper]
rosal (m)	pohon mawar	[pohon mawar]
escaramujo (m)	pohon mawar liar	[pohon mawar liar]

144. Las frutas. Las bayas

fruto (m)	buah	[buah]
frutos (m pl)	buah-buahan	[buah-buahan]
manzana (f)	apel	[apel]
pera (f)	pir	[pir]
ciruela (f)	plum	[plum]
fresa (f)	stroberi	[stroberi]
guinda (f)	buah ceri asam	[buah ʧeri asam]
cereza (f)	buah ceri manis	[buah ʧeri manis]
uva (f)	buah anggur	[buah aŋgur]
frambuesa (f)	buah frambus	[buah frambus]
grosella (f) negra	blackcurrant	[ble'karen]
grosella (f) roja	redcurrant	[redkaren]
grosella (f) espinosa	buah arbei hijau	[buah arbei hiʤ'au]
arándano (m) agrio	buah kranberi	[buah kranberi]
naranja (f)	jeruk manis	[ʤ'eru' manis]
mandarina (f)	jeruk mandarin	[ʤ'eru' mandarin]
piña (f)	nanas	[nanas]
banana (f)	pisang	[pisaŋ]
dátil (m)	buah kurma	[buah kurma]
limón (m)	jeruk sitrun	[ʤ'eru' sitrun]
albaricoque (m)	aprikot	[aprikot]
melocotón (m)	persik	[persi']
kiwi (m)	kiwi	[kiwi]
toronja (f)	jeruk Bali	[ʤ'eru' bali]
baya (f)	buah beri	[buah beri]
bayas (f pl)	buah-buah beri	[buah-buah beri]
arándano (m) rojo	buah cowberry	[buah kowberi]
fresa (f) silvestre	stroberi liar	[stroberi liar]
arándano (m)	buah bilberi	[buah bilberi]

145. Las flores. Las plantas

flor (f)	bunga	[buŋa]
ramo (m) de flores	buket	[buket]
rosa (f)	mawar	[mawar]
tulipán (m)	tulip	[tulip]
clavel (m)	bunga anyelir	[buŋa anjelir]
gladiolo (m)	bunga gladiol	[buŋa gladiol]
aciano (m)	cornflower	[kornflawa]
campanilla (f)	bunga lonceng biru	[buŋa lontʃeŋ biru]
diente (m) de león	dandelion	[dandelion]
manzanilla (f)	bunga margrit	[buŋa margrit]
áloe (m)	lidah buaya	[lidah buaja]
cacto (m)	kaktus	[kaktus]
ficus (m)	pohon ara	[pohon ara]
azucena (f)	bunga lili	[buŋa lili]
geranio (m)	geranium	[geranium]
jacinto (m)	bunga bakung lembayung	[buŋa bakuŋ lembajuŋ]
mimosa (f)	putri malu	[putri malu]
narciso (m)	bunga narsis	[buŋa narsis]
capuchina (f)	bunga nasturtium	[buŋa nasturtium]
orquídea (f)	anggrek	[aŋgreʔ]
peonía (f)	bunga peoni	[buŋa peoni]
violeta (f)	bunga violet	[buŋa violet]
trinitaria (f)	bunga pansy	[buŋa pansi]
nomeolvides (f)	bunga jangan-lupakan-daku	[buŋa dʒʲaŋan-lupakan-daku]
margarita (f)	bunga desi	[buŋa desi]
amapola (f)	bunga madat	[buŋa madat]
cáñamo (m)	rami	[rami]
menta (f)	mint	[min]
muguete (m)	lili lembah	[lili lembah]
campanilla (f) de las nieves	bunga tetesan salju	[buŋa tetesan saldʒʲu]
ortiga (f)	jelatang	[dʒʲelataŋ]
acedera (f)	daun sorrel	[daun sorrel]
nenúfar (m)	lili air	[lili air]
helecho (m)	pakis	[pakis]
liquen (m)	lichen	[litʃen]
invernadero (m) tropical	rumah kaca	[rumah katʃa]
césped (m)	halaman berumput	[halaman berumput]
macizo (m) de flores	bedeng bunga	[bedeŋ buŋa]
planta (f)	tumbuhan	[tumbuhan]
hierba (f)	rumput	[rumput]

hoja (f) de hierba	sehelai rumput	[sehelaj rumput]
hoja (f)	daun	[daun]
pétalo (m)	kelopak	[kelopaʔ]
tallo (m)	batang	[bataŋ]
tubérculo (m)	ubi	[ubi]
retoño (m)	tunas	[tunas]
espina (f)	duri	[duri]
florecer (vi)	berbunga	[bərbuŋa]
marchitarse (vr)	layu	[laju]
olor (m)	bau	[bau]
cortar (vt)	memotong	[memotoŋ]
coger (una flor)	memetik	[memetiʔ]

146. Los cereales, los granos

grano (m)	biji-bijian	[bidʒi-bidʒian]
cereales (m pl) (plantas)	padi-padian	[padi-padian]
espiga (f)	bulir	[bu̞lir]
trigo (m)	gandum	[gandum]
centeno (m)	gandum hitam	[gandum hitam]
avena (f)	oat	[oat]
mijo (m)	jawawut	[dʒʲawawut]
cebada (f)	jelai	[dʒʲelaj]
maíz (m)	jagung	[dʒʲaguŋ]
arroz (m)	beras	[beras]
alforfón (m)	buckwheat	[bakvit]
guisante (m)	kacang polong	[katʃaŋ poloŋ]
fréjol (m)	kacang buncis	[katʃaŋ buntʃis]
soya (f)	kacang kedelai	[katʃaŋ kedelaj]
lenteja (f)	kacang lentil	[katʃaŋ lentil]
habas (f pl)	kacang-kacangan	[katʃaŋ-katʃaŋan]

LOS PAÍSES. LAS NACIONALIDADES

147. Europa occidental

Europa (f)	Eropa	[eropa]
Unión (f) Europea	Uni Eropa	[uni eropa]
Austria (f)	Austria	[austria]
Gran Bretaña (f)	Britania Raya	[britania raja]
Inglaterra (f)	Inggris	[iŋgris]
Bélgica (f)	Belgia	[belgia]
Alemania (f)	Jerman	[dʒierman]
Países Bajos (m pl)	Belanda	[belanda]
Holanda (f)	Belanda	[belanda]
Grecia (f)	Yunani	[yunani]
Dinamarca (f)	Denmark	[denmarʔ]
Irlanda (f)	Irlandia	[irlandia]
Islandia (f)	Islandia	[islandia]
España (f)	Spanyol	[spanjol]
Italia (f)	Italia	[italia]
Chipre (m)	Siprus	[siprus]
Malta (f)	Malta	[malta]
Noruega (f)	Norwegia	[norwegia]
Portugal (m)	Portugal	[portugal]
Finlandia (f)	Finlandia	[finlandia]
Francia (f)	Prancis	[prantʃis]
Suecia (f)	Swedia	[swedia]
Suiza (f)	Swiss	[swiss]
Escocia (f)	Skotlandia	[skotlandia]
Vaticano (m)	Vatikan	[vatikan]
Liechtenstein (m)	Liechtenstein	[lajhtensteyn]
Luxemburgo (m)	Luksemburg	[luksemburg]
Mónaco (m)	Monako	[monako]

148. Europa central y oriental

Albania (f)	Albania	[albania]
Bulgaria (f)	Bulgaria	[bulgaria]
Hungría (f)	Hongaria	[hoŋaria]
Letonia (f)	Latvia	[latvia]
Lituania (f)	Lituania	[lituania]
Polonia (f)	Polandia	[polandia]

Rumania (f)	Romania	[romania]
Serbia (f)	Serbia	[serbia]
Eslovaquia (f)	Slowakia	[slowakia]
Croacia (f)	Kroasia	[kroasia]
Chequia (f)	Republik Ceko	[republi' tʃeko]
Estonia (f)	Estonia	[estonia]
Bosnia y Herzegovina	Bosnia-Hercegovina	[bosnia-hersegovina]
Macedonia	Makedonia	[makedonia]
Eslovenia	Slovenia	[slovenia]
Montenegro (m)	Montenegro	[montenegro]

149. Los países de la antes Unión Soviética

Azerbaiyán (m)	Azerbaijan	[azerbajdʒʲan]
Armenia (f)	Armenia	[armenia]
Bielorrusia (f)	Belarusia	[belarusia]
Georgia (f)	Georgia	[dʒordʒia]
Kazajstán (m)	Kazakistan	[kazakstan]
Kirguizistán (m)	Kirgizia	[kirgizia]
Moldavia (f)	Moldova	[moldova]
Rusia (f)	Rusia	[rusia]
Ucrania (f)	Ukraina	[ukrajna]
Tayikistán (m)	Tajikistan	[tadʒikistan]
Turkmenistán (m)	Turkmenistan	[turkmenistan]
Uzbekistán (m)	Uzbekistan	[uzbekistan]

150. Asia

Asia (f)	Asia	[asia]
Vietnam (m)	Vietnam	[vjetnam]
India (f)	India	[india]
Israel (m)	Israel	[israel]
China (f)	Tiongkok	[tjoŋko']
Líbano (m)	Lebanon	[lebanon]
Mongolia (f)	Mongolia	[moŋolia]
Malasia (f)	Malaysia	[malajsia]
Pakistán (m)	Pakistan	[pakistan]
Arabia (f) Saudita	Arab Saudi	[arab saudi]
Tailandia (f)	Thailand	[tajland]
Taiwán (m)	Taiwan	[tajwan]
Turquía (f)	Turki	[turki]
Japón (m)	Jepang	[dʒʲepaŋ]
Afganistán (m)	Afghanistan	[afganistan]

Bangladesh (m)	Bangladesh	[baŋladeʃ]
Indonesia (f)	Indonesia	[indonesia]
Jordania (f)	Yordania	[yordania]

Irak (m)	Irak	[ira']
Irán (m)	Iran	[iran]
Camboya (f)	Kamboja	[kambodʒʲa]
Kuwait (m)	Kuwait	[kuweyt]

Laos (m)	Laos	[laos]
Myanmar (m)	Myanmar	[myanmar]
Nepal (m)	Nepal	[nepal]
Emiratos (m pl) Árabes Unidos	Uni Emirat Arab	[uni emirat arab]

| Siria (f) | Suriah | [suriah] |
| Palestina (f) | Palestina | [palestina] |

| Corea (f) del Sur | Korea Selatan | [korea selatan] |
| Corea (f) del Norte | Korea Utara | [korea utara] |

151. América del Norte

Estados Unidos de América (m pl)	Amerika Serikat	[amerika serikat]
Canadá (f)	Kanada	[kanada]
Méjico (m)	Meksiko	[meksiko]

152. Centroamérica y Sudamérica

Argentina (f)	Argentina	[argentina]
Brasil (m)	Brasil	[brasil]
Colombia (f)	Kolombia	[kolombia]

| Cuba (f) | Kuba | [kuba] |
| Chile (m) | Chili | [ʧili] |

| Bolivia (f) | Bolivia | [bolivia] |
| Venezuela (f) | Venezuela | [venezuela] |

| Paraguay (m) | Paraguay | [paraguaj] |
| Perú (m) | Peru | [peru] |

Surinam (m)	Suriname	[suriname]
Uruguay (m)	Uruguay	[uruguaj]
Ecuador (m)	Ekuador	[ekuador]

| Islas (f pl) Bahamas | Kepulauan Bahama | [kepulauan bahama] |
| Haití (m) | Haiti | [haiti] |

República (f) Dominicana	Republik Dominika	[republi' dominika]
Panamá (f)	Panama	[panama]
Jamaica (f)	Jamaika	[dʒʲamajka]

153. África

Egipto (m)	Mesir	[mesir]
Marruecos (m)	Maroko	[maroko]
Túnez (m)	Tunisia	[tunisia]

Ghana (f)	Ghana	[gana]
Zanzíbar (m)	Zanzibar	[zanzibar]
Kenia (f)	Kenya	[kenia]
Libia (f)	Libia	[libia]
Madagascar (m)	Madagaskar	[madagaskar]

Namibia (f)	Namibia	[namibia]
Senegal (m)	Senegal	[senegal]
Tanzania (f)	Tanzania	[tanzania]
República (f) Sudafricana	Afrika Selatan	[afrika selatan]

154. Australia. Oceanía

| Australia (f) | Australia | [australia] |
| Nueva Zelanda (f) | Selandia Baru | [selandia baru] |

| Tasmania (f) | Tasmania | [tasmania] |
| Polinesia (f) Francesa | Polinesia Prancis | [polinesia prantʃis] |

155. Las ciudades

Ámsterdam	Amsterdam	[amsterdam]
Ankara	Ankara	[ankara]
Atenas	Athena	[atena]

Bagdad	Bagdad	[bagdad]
Bangkok	Bangkok	[baŋko']
Barcelona	Barcelona	[bartʃelona]
Beirut	Beirut	[beyrut]
Berlín	Berlin	[berlin]

Mumbai	Mumbai	[mumbaj]
Bonn	Bonn	[bonn]
Bratislava	Bratislava	[bratislava]
Bruselas	Brussel	[brusel]
Bucarest	Bukares	[bukares]
Budapest	Budapest	[budapest]
Burdeos	Bordeaux	[bordo]

El Cairo	Kairo	[kajro]
Calcuta	Kolkata	[kolkata]
Chicago	Chicago	[tʃikago]
Copenhague	Kopenhagen	[kopenhagen]
Dar-es-Salam	Darussalam	[darussalam]
Delhi	Delhi	[delhi]

Dubai	**Dubai**	[dubaj]
Dublín	**Dublin**	[dublin]
Dusseldorf	**Düsseldorf**	[dyuseldorf]
Estambul	**Istambul**	[istambul]
Estocolmo	**Stockholm**	[stokholm]
Florencia	**Firenze**	[firenze]
Fráncfort del Meno	**Frankfurt**	[frankfurt]
Ginebra	**Jenewa**	[dʒʲenewa]
La Habana	**Havana**	[havana]
Hamburgo	**Hamburg**	[hamburg]
Hanói	**Hanoi**	[hanoi]
La Haya	**Den Hague**	[den hag]
Helsinki	**Helsinki**	[helsinki]
Hiroshima	**Hiroshima**	[hiroʃima]
Hong Kong	**Hong Kong**	[hoŋ koŋ]
Jerusalén	**Yerusalem**	[erusalem]
Kiev	**Kiev**	[kiev]
Kuala Lumpur	**Kuala Lumpur**	[kuala lumpur]
Lisboa	**Lisbon**	[lisbon]
Londres	**London**	[london]
Los Ángeles	**Los Angeles**	[los enzheles]
Lyon	**Lyons**	[lion]
Madrid	**Madrid**	[madrid]
Marsella	**Marseille**	[marseille]
Ciudad de México	**Meksiko**	[meksiko]
Miami	**Miami**	[miami]
Montreal	**Montréal**	[montreal]
Moscú	**Moskow**	[moskow]
Múnich	**Munich**	[munitʃ]
Nairobi	**Nairobi**	[najrobi]
Nápoles	**Napoli**	[napoli]
Niza	**Nice**	[nitʃe]
Nueva York	**New York**	[nju yorʲ]
Oslo	**Oslo**	[oslo]
Ottawa	**Ottawa**	[ottawa]
París	**Paris**	[paris]
Pekín	**Beijing**	[beydʒiŋ]
Praga	**Praha**	[praha]
Río de Janeiro	**Rio de Janeiro**	[rio de dʒʲaneyro]
Roma	**Roma**	[roma]
San Petersburgo	**Saint Petersburg**	[sajnt petersburg]
Seúl	**Seoul**	[seoul]
Shanghái	**Shanghai**	[ʃanhaj]
Singapur	**Singapura**	[siŋapura]
Sydney	**Sydney**	[sidni]
Taipei	**Taipei**	[tajpey]
Tokio	**Tokyo**	[tokio]

Toronto	**Toronto**	[toronto]
Varsovia	**Warsawa**	[warsawa]
Venecia	**Venesia**	[venesia]
Viena	**Wina**	[wina]
Washington	**Washington**	[waʃiŋton]

www.ingramcontent.com/pod-product-compliance
Lightning Source LLC
Chambersburg PA
CBHW070602050426
42450CB00011B/2949